はじめに

　平成28年児童福祉法等改正は、同法1条を改正し、子どもの権利主体性を明記した。そして、この改正趣旨実現のために、市区町村は、「拠点の整備」に努めなければならないと明記された（同法10条の2）。

　筆者は、平成28年には、厚生労働省市区町村の支援業務のあり方に関する検討ワーキング委員を務め（「市町村子ども家庭支援指針」（ガイドライン）策定等）、その後平成29年度～令和元年度まで、厚労省子ども・子育て支援推進調査研究事業の研究代表として、子ども家庭総合支援拠点、児童虐待防止対策の先駆的取組等の調査を全国の自治体に対して行ってきた。同時に、厚労省の「子ども家庭総合支援拠点」設置アドバイザーとして、全国の都道府県担当者とともに市区町村子ども家庭総合支援拠点設置支援を行ってきた（この間、野田市児童虐待死事件、札幌市児童虐待死事件の検証委員を務めている）。

　国は、度重なる児童虐待死事件を踏まえ、また平成28年改正とその後の平成29年改正、令和元年改正を根拠に、令和4（2022）年度までに全市区町村に法10条の2に基づく支援拠点設置を求めている。

　では、市区町村に求められる「支援拠点」整備とは、どのような体制・状態をいうのか。「支援拠点」整備は、物理的な場所の整備でなく機能の設置である。それゆえ、自治体からはわかりづらいとの声が多く聞かれる。今までの体制・対応とどう異なるのかとの質問も少なくない。

　本書は、こうした自治体からの疑問・質問に応えるものである。

　本書は、前述した平成30年度子ども・子育て支援推進調査研究事業の成果である『市区町村子ども家庭総合支援拠点設置に向けて／スタートアップマニュアル』（平成31年3月）を基に、その後のアドバイザー事業等の成果を追加して策定したものである。

　平成28年の児童福祉法改正により、児童福祉行政のあり方は、子どもの権利主体性を保障するための大転換が求められた。この改正後の自治体による児童福祉行政のあり方、そして個別の子どもとの関わり方は法の趣

旨からすれば、抜本的に変わっていなければおかしいのである。

　支援拠点整備は、ゴールでなく、子どもの命を守るための住民への約束でありスタート地点である。国及び都道府県と連携・協働して、不断に拠点機能を維持し、発展・充実させることが求められる。

　支援拠点を整備することで、目黒区虐待死事件・千葉県虐待死事件・札幌市虐待死事件等が再び起きないようにできないか。各自治体の制度設計及び運営にかかっている。児童相談所中心主義（点支援）から市区町村中心主義（面支援）への幕開けである。

［本書利用の留意点］

(1) 支援拠点とは何かについて、機能・要件を分かりやすく解説している。

(2) 支援拠点整備に当たり、［項目・内容］を提示した。
　　「市区町村子ども家庭総合支援拠点設置運営要綱」（8章参照）に準拠している。

(3) 支援拠点整備に当たり、［具体例］［グレードアップ例］を提示した。
　　平成29年度、平成30年度、令和元年度自治体ヒアリング、マニュアル検討会議、令和元年度以降の子ども家庭総合支援拠点アドバイザー事業等による自治体からの質疑や報告を基に参考として挙げている。

(4) 自治体の現在おかれた状況・人材・地域資源に応じて
　　(ⅰ) これから設置に向けた準備をする自治体
　　　　→本編要件具体例を中心に読み確認する（足らない部分の補充）
　　(ⅱ) 既に機能充足自治体
　　　　→本編グレードアップ事例等を中心に読み確認する（更なる充実）

(5) 簡便なチェックリストを提示した（3章参照）。
　　①自治体アセスメントシート
　　②支援拠点チェックリスト

(6) 都道府県による「市区町村への働きかけ」の例
　　静岡県、三重県の先進的な取組について紹介している（4章参照）。

(7) 相談担当者向けに支援拠点における相談対応の姿勢・あり方についてその身に着け方について解説している（2章3業務内容及び6章研修

編参照）。

(8) 支援拠点設置（主に小規模自治体）に向けてのアドバイスについても実際の研修例について2例ほどあげている（7章参照）。

(9) 支援拠点に関する資料集・FAQ もつけている（8章参照）。

＊目次

第 1 章
支援拠点とは何か
【基礎編】

1

支援拠点
（児童福祉法＊10条の2）の機能・要件

＊以下「法」と略す場合がある

（1）要件の提示

支援拠点の要件として①〜⑥の6要件をあげて解説を行う。

①地域の全ての子どもや家庭の相談に対応するための子ども支援の専門性をもった機関・体制・状態

※　虐待対応のみでない。全ての子ども・家庭の相談を受ける。

→家庭児童相談室設置自治体はその機関の充実が求められる。

※　子ども支援のための専門性を有する

→専門性を有するための人的配置基準（20頁）を参照

②地域の資源を有機的につないだ（ソーシャルワーク機能）在宅支援

※　要保護児童対策地域協議会（以下「要対協」）の主担当機関としての役割・要対協を**活用**するとの視点

→特に子育て世代包括支援センター（母子健康包括センターとも言う。以下、包括支援センターとする）（母子保健部門）と子ども部門との一体性[1]の構築（ハード面・ソフト面）

③原則として18歳まで[2]の全ての子ども（とその家庭及び妊産婦等）を切

1　第1次から第16次報告までの児童虐待による死亡事例等の検証結果【心中以外の虐待死636例、678人】0歳児の割合は46.2％、中でも0日児の割合は18.3％。さらに、3歳児以下の割合は76.5％を占めている。

2　自立援助ホームの場合、22歳の年度末までの間にある大学等就学中の者も対象。

れ目なく継続的に支援

※　年齢による切れ目と支援機関・組織としての切れ目を生じさせない

④個人ではなく、チーム（組織）で支援する体制（人的資源等）の構築・運用（（参考）法10条4項）

※　チームにするための国の補助金や都道府県のバックアップによる体制整備については後述

⑤支援拠点が担う4つの業務内容（（参考）法10条1項1号～4号等）

1子ども家庭支援業務に係る業務
2要支援児童及び要保護児童等並びに特定妊婦等への支援業務
3関係機関との連絡調整
4その他の必要な支援

※　詳細は［2章3業務内容］54頁参照

※　この支援拠点としての4業務は、もともと法10条において市区町村が行うべき法定業務を、市区町村で担当（機能）する部署を明示し、確実かつ拡充させて遂行することを市区町村を名宛にして、強調したものであり、その遂行レベルが問われることになる。

⑥支援拠点と児童相談所との役割の相違

※　支援拠点は上記役割を果たすことが求められるのであり、児童相談所の下部機関ではない。役割が異なる対等機関である。

※　児童相談所を設置したから拠点の機能を包含していることにはならない。

　→むしろ、支援拠点は、在宅・面支援であり、拠点設置（という土台）なしでの児童相談所の一時保護・介入強化では長期的に子どもと家庭を守ることは不可能であるとの視点を有することが重要である。支援拠点と児童相談所の役割とは子どもの命を守る車の両輪である。

（2）要件の解説（法が想定する姿）［市区町村中心主義へ］

1. 在宅支援（地域）の司令塔の役割の期待

　改正児童福祉法及び「新しい社会的養育ビジョン」が示したのは、子どもの権利主体性を尊重した相談体制とソーシャルワーク機能の充実すなわち地域の関係機関・地域の社会的資源を組み合わせて支援を継続していくためにネットワークを動かすという地域（在宅支援）での具体的司令塔の役割を支援拠点に求めたものである。その機能を果たすためには、少なくとも次の5つの要件（構成要素）を充たさねばならない（前頁の6要件を解説の便宜上5つの構成要素にまとめた）。

2. 要件解説

ア　全ての子どもや家庭の相談を受けることとその専門性（要件1に関して）

　第一に、全ての子どもや家庭の相談に対応する子ども支援の専門性をもった体制である。

　①子ども家庭支援員、②心理担当支援員、③虐待対応専門員等を自治体の規模に応じて配置し、全ての子どもと家庭の相談に、住民に一番近い身近な基礎自治体で応じようとするものである。

　この点2016（平成28）年改正に伴い設置された「市区町村の支援業務のあり方に関する検討WG」では、支援拠点のあるべき姿として、（a）虐待対応のミニ児童相談所型を目指すのか、（b）全ての子どもと家庭を支えるポピュレーションアプローチ型を目指すのか、相当の議論が重ねられた。結論としては、（b）のポピュレーション型の地域拠点を目指すことが確認・合意された。予防的支援的関わりを早期から継続的に行っていくことは児童相談所よりも市区町村にこれまでの蓄積とネットワーク資源があり、市区町村こそが良くなし得ることである。

イ　ソーシャルワークと切れ目ない支援（要件の2ないし3に関して）

　第二に、地域の資源を有機的につないで在宅支援を行うこと、そして原

則18歳までの子どもと家庭（妊産婦含む）を切れ目なく継続的に支援することである。要件の2と3が連動するのでこの項目で一緒に解説する。

　地域の関係機関をつなぐという横糸支援とゼロ歳からの切れ目ない支援という縦糸支援の両面の視点である。

　まず、行政の一部局で子どもの命は守れない。要対協という地域資源ネットワークを「活用」することで、庁内の関係部局、及び地域の要対協構成員もともに、いわばワンチームとして、地域の子どもの命を守るために当事者としての役割分担と責任を果たすことを求めるものである。

　特に内部の組織間では、保健と福祉と教育の3つの壁が厚い。この三者間の壁を壊し、個々人の連携ではなく、物理面、情報面、法規面等で組織的に「連動」させる仕組みづくりが求められる。具体的には、随時必要な時に会議を行っているという現状は、感度の高い職員同士であればうまくいくが、そうでない担当者同士になった場合に組織間及び担当者間の間隙が生じてしまう。内部会議等も制度的・定例的な意見交換を行う設定をする等のルール決めをしておくことが有用である。

　そして、外部も含めたネットワークとしての要対協は、支援拠点とは別組織ではなく、支援拠点という司令塔の下に組み込まれた動態的ネットワークである。

　例えば、一時保護処分（2か月）により一旦地域から離れることがあっても、ほとんどの場合に一時保護解除により地域に戻ってくるのが実情である。地域のネットワークの構成組織・メンバーが相互に当事者意識をもって、子どもや家庭に関わり、役割分担を果たすことで子どもの命を守り、家庭を支えるシステムを構築することが求められている。

　この要対協の法的位置付けと理解については実務に大きな誤解がある。要対協は代表者会議と実務者会議と個別支援会議の三層構造を墨守しなければならないと考え、またその会議体・会議運営が要対協の仕事だと考えている自治体担当者が多いのである。それゆえ、会議の効率化ばかりに労力を割き、要対協調整担当者は会議日程と資料作りに忙殺される。一方で要対協参加構成機関（者）は、会議に参加するお客さん意識を持っているという実態がある。児童虐待事案が報道されると必ず要対協の形骸化が指

摘される。

　しかし、そもそもそれは要対協の法的位置付けと理解が十分なされずに運営がなされているからなのである。詳細は鈴木秀洋「要保護児童対策地域協議会の再構成——効果的な運営のためのガイドライン試案」（『自治研究』通巻1156号・1157号（令和2年6月号・7月号）第一法規）に譲るが、要対協は静的会議体ではなくて、動的・法的ネットワーク制度であり、①構成員をどう定めるか（作りこみのマネジメント）と②どういう運営をしていくか（運営のマネジメント）の2つが、常に目の前の子どもたちを救うためにマネジメントされていく機能なのである（DV防止担当・民間機関等の参加、児童家庭支援センターの参加等の工夫など）。

　支援拠点制度においては、従前の実務で行われてきたお客さん的な会議参加型構成員の在り方は法的に放擲されている。責任を担う当事者メンバーの位置付けが強化されたのである（横串支援）（（注）虐待死事件等が生じた場合に、児童相談所や子ども部局のみでなく、今後は要対協構成員の法的責任追及ということも理論的にはあり得ると考えることができよう）。「市町村子ども家庭支援指針」（ガイドライン）及びビジョンを合わせ読めばそのことは明らかである。

　次に、子どもを中心にした時系列的・縦串支援としては、子どもの発育・成長過程を通して継続的なサービス等の支援をつなげていくことが求められる。

　重要なのは、行政側からの視点や都合によるつなぎ支援ではなく、子ども側・保護者側からの視点でのつなぎ支援である。自治体側の支援が子どもや保護者側からは全く支援となっていなかったと述べる当事者は実は多い。子どもの意見を汲み取らない・汲み取れない行政側視点のつなぎソーシャルワーク（そもそもソーシャルワークとは言わない）から、どこまでも当事者主体・当事者視点のソーシャルワークを追い続けなければならない。

　こうした理念の下で、切れ目のない支援の具現化策として、行政側は、①複数の支援機関の物理面での連携、②情報の相互利用という面での連携支援、③指揮命令権の統一、④法規面での協働の根拠付け整備、こうした

制度面での仕組作りが求められる。

ウ　チーム（組織）支援体制（要件4に関して）

　第三に、チーム支援である。小規模自治体では、子どもに係る相談を一人の担当者が担っている例が多い。小規模なので、自治体の全ての家庭の情報を知っていると話す担当者（保健師等）からの話を聞く機会も少なくない。しかし、その担当者が病欠や育児・介護休暇をとった場合にはその組織の対応レベルは著しく劣ることになる。一人の担当者に頼った組織では、その担当者の夏休み等すら推奨できないことになりがちである。相談をする子どもや家庭の立場に立って組織づくりをするのであれば、対応する職員の能力やレベルを合わせた複数人対応の組織づくり、チーム支援が必須なのである。

　この点、小規模自治体からは、支援拠点設置要綱が示す人的配置基準を満たすことは難しいとの声が挙げられる（（注）現実的には小規模自治体では兼務せざるを得ないとの話を聞く。しかし、その場合には基準以上の人員配置が前提となる。後述FAQ参照）。しかし、そのための国の配置基準による補助制度がある。また、制度発足時には手当されていなかったが、現在では支援拠点の子ども家庭支援員のうち常勤配置を必須としている正規職員の人件費について国は地方交付税措置をしている（後述83頁職員体制のあり方及び89頁2019年度予算で盛り込まれた項目参照。地方交付税制度研究会『地方交付税制度解説（単位費用編）平成31年度』（地方税務協会）188頁と同『地方交付税制度解説（単位費用編）令和元年度』190頁の積算内容の比較から明らかである）。制度設計を担う自治体担当者は、こうした国の手当てについて、財務・人事当局に伝え、子ども部局に人的措置を求めていくことも必要である。

エ　業務内容（支援拠点が担う法定4業務）（要件5に関して）

　第四に、支援拠点が担う業務は、そもそも児童福祉法上10条において市区町村が担うべき業務を前提としているということである。

　法10条の市区町村業務の確実な遂行のために新たな規定を設けたので

ある。具体的には、①子ども家庭支援業務に係る業務（実情の把握、情報提供、相談等への対応、総合調整）、②要支援児童及び要保護児童等並びに特定妊婦等への支援業務（相談・通告の受付、受理会議（緊急受理会議）、調査、アセスメント、支援計画の作成等、支援及び指導等、児童記録表の作成、支援の終結）、③関係機関との連絡調整（要対協の活用、児童相談所との連携・協働、他の関係機関等との連携）、④その他の必要な支援（里親支援等）等を担うことになる。

　この点支援拠点は新たな業務を特別に課されたものではないから、従前どおりで良いのだと判断して支援拠点設置を名乗っている自治体がある。しかし、10条の次にあえて10条の2を新設した意味を十分理解する必要がある。支援拠点は、市区町村が行うべき業務を担うという意味では確かに形式的には変わらない。しかし、10条のみの法文では不明確であり、現実に市区町村の業務遂行レベルの地域差は激しい。子どもを守っていくため業務をより具体的に示し、少なくとも支援拠点という土台・軸の下、現状以上の体制整備と業務遂行レベルの向上を目指したものである。支援拠点は到達点ではなくて出発点である。そのスタート地点に立たないということは子ども視点からは許されない。

オ　児童相談所との対等性と面支援

　第五に、児童相談所とは上下でなく対等機関であること、児童相談所の点支援に対して地域資源を結び付けた面支援であることである。

　市区町村は児童相談所に対して専門的助言等を求めることができ、また児童相談所は一時保護等の行政処分権限を与えられている。しかし、これは上下関係や個々の事案の指揮命令権を意味したものではない。

　地域資源をよく知っているのは市区町村であり、地域資源をつないで子どもの命を守っていくこと、要対協の事務局として関係機関を面でつなぎ司令塔としての役割を果たしていくことは、児童相談所よりも、市区町村という総合ガバナンス機関こそが得意な役回りなのである。

　市区町村側としては、第一に、支援メニューの増加・充実が求められる。市区町村の子ども家庭支援体制の構築という観点からは、新しい養育ビジ

ョンが提示している子どもへの直接的支援事業（派遣型）の創設やショートステイ事業の充実、産前産後母子ホームなどの親子入所支援の創設等の支援メニューを充実させていかねばならない。第二に、指導委託措置としての在宅措置と通所措置の推進についてもビジョンが言及している。この制度運用の是非については、「市町村子ども家庭支援指針」（ガイドライン）策定時に相当の議論が交わされ、賛否が分かれる制度であるのは確かであるが、在宅支援の充実という観点から有効に機能する事案はあるということで議論は落ち着いた経緯がある。しかし、現場での運用の際には、有効に機能する事案かどうかの十分な見立て、取り決め、双方の関わり方、随時の再アセスメント等きめ細かなやり取りが必須である。その意味では児童相談所が丸投げ的に市区町村に指導委託を行うとの市区町村側の反発も相当程度ある。逆にもっと取り決めを細かく設定するのであればどんどん指導委託は受けると発言する市区町村もある。今後の児童相談所と市区町村との関係性、在宅支援を進める上で、丁寧な協議が積み重ねられねばならない。地域によって現実の委託の在り方は多様とならざるを得ない。事例紹介の積み上げと検証が必要となろう（後述児童相談所との関係参照）。

　上記と関係するが、個々のケースにおける児童相談所と市区町村との関係においては、目黒事件、野田事件の検証でも指摘がなされたことであるが、虐待死事件の再発防止という観点からも、市区町村が自らの見立てを積極的に児童相談所に働きかけていくことが一層求められる。

　なお、筆者によるヒアリング調査時に「児童相談所を設置したので支援拠点も設置したことになる」と公言する自治体が存在する。しかし、これまでの要件の検討からすれば、この見解の誤りに気付くことができよう。確かに、児童相談所と支援拠点は重なり合う部分がある。しかし、児童相談所と支援拠点とは大小関係・包含関係にはなく、権限・役割・所掌事務・対象者・関わり方等が異なっているのである。

2

支援拠点に関して
（想定されている人口規模と人員配置
基準等モデル）

　自らの自治体の支援拠点としての規模を確認してみよう。

※後述するように補助金受給要件であり、必ずしも下記人員配置基準がない限り拠点機能がないということではないが、子どもの命を守るために必要な職員配置といえる。逆にこの人員配置をしたことで即支援拠点の機能を充足しているといえるわけではない。
※詳細は 2 章 4 設置形態及び職員配置等 81 頁以下参照。

〈自分たちの類型は？〉

類型	人口規模	該当する類型に○
小規模 A 型	児童人口概ね 0.9 万人未満 （人口約 5.6 万人未満）	
小規模 B 型	児童人口概ね 0.9 万人以上 1.8 万人未満 （人口約 5.6 万人以上約 11.3 万人未満）	
小規模 C 型	児童人口概ね 1.8 万人以上 2.7 万人未満 （人口約 11.3 万人以上約 17 万人未満）	
中規模型 【中規模市部】	児童人口概ね 2.7 万人以上 7.2 万人未満 （人口約 17 万人以上約 45 万人未満）	
大規模型 【大規模市部】	児童人口概ね 7.2 万人以上 （人口約 45 万人以上）	

〈どのような職員を配置する？〉

該当類型に○		子ども家庭支援員	心理担当支援員	虐待対応専門員	合計
	小規模A型	常時2名（1名は非常勤可）	－	－	常時2名
	小規模B型	常時2名（1名は非常勤可）	－	常時1名（非常勤可）	常時3名
	小規模C型	常時2名（1名は非常勤可）	－	常時2名（非常勤可）	常時4名
	中規模型	常時3名（1名は非常勤可）	常時1名（非常勤可）	常時2名（非常勤可）	常時6名
	大規模型	常時5名（1名は非常勤可）	常時2名（非常勤可）	常時4名（非常勤可）	常時11名

※虐待加算あり

虐待対応専門員の上乗せ配置の算定式

○ $\left[\text{各市区町村の児童虐待相談対応件数} - \text{各市区町村管轄地域の児童人口} \times \dfrac{\text{全国の児童虐待相談対応件数}}{\text{全国の児童人口}} \right] \div 40$

（※1）市区町村内に複数の支援拠点を設置する場合には、支援拠点単位で算定。
（※2）各年度における上乗せ人員は、児童人口は直近の国勢調査（平成27年）の数値を、児童虐待相談対応件数は前々年度の福祉行政報告例の数値を用いて算定。
（※3）「40」は、平均的な児童相談所の児童福祉司の虐待相談に係る持ちケース数（年間約40ケース（雇用均等・児童家庭局総務課調））を踏まえたもの。

[参照　子ども家庭支援員における常時配置の考え方の一例]

配置基準 2 名の拠点に兼任職員 4 名（拠点業務 50%）を配置する場合

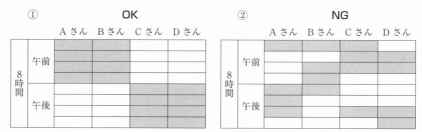

兼務職員だから NG ということではなく、拠点職員としての常時配置になっていない。
兼任職員が結果的に専任・常勤 2 名分（80 時間）のはたらきをしているだけでは不十分。
拠点で求めるのは、「拠点職員を常時○名配置」なので、兼任職員を配置するということであれば、
あらかじめ拠点業務の専従時間を区切って、常時○名という基準を満たすものであることが必要。

配置基準 2 名の拠点に常勤職員と非常勤職員を配置する場合

配置基準 2 名の拠点において、1 名分を常勤職員、もう 1 名分を非常勤職員で配置する場合、常時 2 名配置の基準が満たされるよう適正に配置しなければならない。②の場合は、午後の時間において非常勤職員 2 名を配置しているが、要綱上 1 名のみ非常勤形態可となるため、配置人員等の要件が満たされておらず、拠点の要件は満たせていない。

配置基準 2 名の拠点に常勤職員と非常勤職員を配置する場合

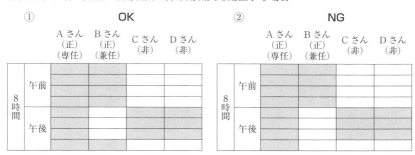

配置基準 2 名の拠点において、1 名分を常勤職員、もう 1 名分を非常勤職員で配置する場合、常時 2 名配置の基準が満たされるよう適正に配置しなければならない。①の場合は、非常勤職員の常時配置要件が満たされていない時間において兼任職員（B）が配置されており、常時配置の要件を満たしているのに対し、②の場合は、非常勤職員 2 名を配置しているが、常時配置の要件が満たされていない時間帯があるため、拠点の要件は満たせていない。

配置基準 2 名の拠点に常勤職員と非常勤職員を配置する場合

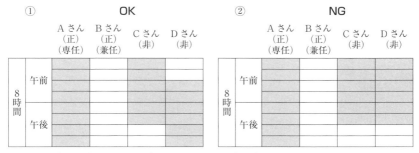

配置基準 2 名の拠点において、1 名分を常勤職員、もう 1 名分を非常勤職員で配置する場合、常時 2 名配置の基準が満たされるよう適正に配置しなければならない。②の場合は、非常勤職員 2 名を配置しているが、常時配置の要件が満たされていない時間帯があるため、拠点の要件は満たせていない。

3

支援拠点を開設する場合の
関係機関

（1）包括支援センター（利用者支援事業（母子保健型））との関係（ガイドライン 81 頁、要綱 5（2）②）

子育て世代包括支援センターの全国展開図、後述 30 頁

要件

① 【原則】子育て支援施策と母子保健施策との連携、調整を図り、より効果的な支援につなげるために、同一の機関が、支援拠点と包括支援センターの 2 つの機能を担い、一体的に支援を実施することが求められる。

② 【例外（別の機関が機能を担う場合）】適切な情報共有、子どもの発達段階・家庭状況等に応じた連携対応。継続支援が行える体制整備（漏れを防止するために担うべき機能を所掌事務等で明確化するなど）すること。

具体例

下記①～④を総合考慮して一体性が確保されているかが判断される。

① ハード面：同一建物・同一窓口（岩国市）

② ソフト面：指揮命令系統の統一

③ 法制面：内部要綱・要領等で一体化について明記すること

④ 情報面：情報共有の定式化

例えば、月に 2 回以上ケース会議を行いケース共有する（その後の役割分担）等の定めを設けている。（随時ではなく会議日を決めていることが望ましい）

（具体例解説）建物・窓口の面でも、また組織系統の面でも健康福祉部内

の組織として一体化連携を図る例（加賀市）、建物・窓口の面での一体性はないが、頻繁に行き来して連携を行っている例（山口市、南房総市、「共管制度を設ける例（米子市）、情報の閲覧制度の例（東広島市、藤枝市）」）など。

ア 母子保健分野との連動についての基本的な考え方（導入）

　母子保健分野において、平成27年度から開始された「健やか親子21（平成13年から開始した母子の健康水準を向上させるための様々な取組をみんなで推進する国民運動計画）」の第二次計画では、「切れ目のない妊産婦・乳幼児への保健対策」等を基盤課題とし、育てにくさを感じる親に寄り添う支援と、妊娠期からの児童虐待防止対策を重点課題に掲げ、全ての子どもが健やかに育つ社会を目標としている。

　また、平成28年の児童福祉法等の一部改正により、母子保健法においても、母子保健事業が、児童虐待の発生予防や早期発見に資するものであることが明確化され、「子育て世代包括支援センター（母子健康包括支援センター）」（法22条）の法定化と全国展開が示され、妊婦への支援強化による0歳児死亡等の減少と産婦フォローによる乳幼児期の虐待予防を図り、子育て期までの切れ目のない支援を継続していくことで児童虐待の発生予防につなげ、地域における包括的な子育て支援体制の構築を図ることが目標とされた。

　このような経緯から、支援拠点と母子保健分野（包括支援センター）が「児童虐待を防ぎ、地域の全ての子どもの命と心を守る」という共通の目的に向けて一緒に動く、つまり連動することで初めて支援拠点の効果的な運営がなされる。

　包括支援センターは、子ども・子育て支援法において、利用者支援事業にも位置付けられており、母子保健型・基本型として示されている。このように、あらゆる方向から子育て支援策を講じ、漏れや見落としを防ぎながら、地域全ての子どもとその家庭及び妊産婦を切れ目なく継続的に支援する仕組みづくりが、各自治体に委ねられている。

　従って、各自治体において最初に必要な工程は、今実施している母子保

健分野と福祉分野における業務内容と仕組みが、「地域の全ての子どもの命と心を守る」ためにどのようになっているかを、お互いに把握することである。現時点で実施している業務や体制をしっかり把握することで、現状における強みと弱みを認識でき、連動させる仕組みとして、どのような制度設計や体制整備が望ましいかを考えることができる。この工程を踏むことで、目的を共有でき、母子保健分野と連動する支援拠点の体制づくりが可能となる。そして、この工程を記録し、組織的に報告共有を行うことで、担当者間だけでなく組織全体の理解を深めることとなり、更に担当者が変わっても、目的をぶらさず引き継ぐことが可能となる。こうして、支援拠点を運営しながら、目的のために、仕組みや連携の方法等をより効果的なものへ変更・追加しやすくなり、母子保健分野との連動が継続できることとなる。

イ　包括支援センターと子ども家庭総合支援拠点を一体的に運営する際の役割分担や効果的な連携方策（方針・通知）

　包括支援センターと子ども家庭総合支援拠点を一体的に運営する際の役割分担や効果的な連携方策について、要綱記載事項を上記**要件**及び**具体例**にまとめている。

　以下では、その後の関係閣僚会議決定（「効果的な連携方策や一体的に運営する際の役割分担」（2018（平成30）年7月20日決定）及び「一体的運用ができるよう要件の明確化・支援の拡充により、母子保健分野と子ども家庭福祉分野の連携を強化し、切れ目ない支援を行うことができる体制整備」（2019（平成31）年3月19日決定）をも踏まえて説明を加える。

ウ　一体的に運営する際の役割分担と連携の具体例
ウー1［分離型と一体型の特徴］
　包括支援センターと支援拠点とを分離している自治体の多くは、包括支援センターは、妊娠の届出や健診などの母子保健分野における情報収集に強みを発揮し、支援拠点は、要保護児童対策地域協議会の調整機関として保育園や幼稚園、学校等の子どもに関わる関係機関から情報提供を受けて

連携し、支援が必要な対象者を把握することに力点をおいている。

一方、包括支援センターと支援拠点を一体的に運営する場合、同一の機関（部署）の中でこれらの情報収集等を行うこととなり、情報の共有がより円滑になるものと考えられる。

いずれにしても、要保護児童、要支援児童、特定妊婦に係る情報を把握した場合の対応については、速やかに、支援拠点に情報を集約することとし、支援拠点は、要保護児童対策地域協議会へのケース登録を行い、当該地域協議会を活用し、関係者間で協議の上、関係機関の適切な連携の下で対応していくことが重要である。なお小規模自治体で包括支援センターと支援拠点を同一組織同一射程で捉える自治体が多い。

ウ−2［分離型の連携基準（例）］

包括支援センターと支援拠点とで連携しつつ、情報を引き継ぐ形の制度設計を行う自治体は、(i)年齢基準と(ii)虐待リスクの程度基準という、二つの基準の一方又は双方を総合的に考慮して、役割分担を行いながら引き継いでいる例が多い。どのように切れ目なく連携できる制度設計をするかは自治体の選択によるが、参考にしてほしい。

ウ−3［一体的設置過程（例）］

(i)包括支援センターをまず立ち上げて、保健師等専門職を確保し、その後この母子保健部門を拡張して支援拠点を整備する手法や、(ii)包括支援センターと支援拠点を一体のものとして立ち上げる手法、(iii)さらに、包括支援センターと支援拠点が行うべき業務を所掌事務（所掌規則・規程等）に落とし込んで包括支援センターと支援拠点の重なる部分と引き継ぐ部分を明確にしつつ整備する手法等があげられる。

それぞれ、包括拡充型（鳥取市、千歳市、岩国市等）、包括・拠点一体型（三沢市・小規模A型に多い類型）、具体的組織所掌落とし込み型（涌谷町等）という形で参考になろう。

エ 効果的な連携方策（具体例の補充）

エ−1［具体的な連携体制（例）］

包括支援センターと子ども家庭総合支援拠点の連携を強化するための具

体的方策としては、同一の機関や同一の場所で実施することのほか、(ⅰ)両機関を統括する責任者を配置すること、(ⅱ) 要保護児童対策地域協議会における情報共有のほか、両機関の定期連絡会議を開催すること、(ⅲ)ケースに応じて、両機関が家庭訪問や面談等を共同して実施すること等が考えられる。こうした取組により、より効果的・効率的で、かつ、リスクの程度に応じて適切に相談支援を行うことができる体制を構築していくことが必要である。

エー2［具体的な連携の制度化］

随時や必要に応じてという形では不十分である。連携の具体化と**制度化**が求められる。上記具体例において、ハード面、ソフト面、法制面、情報面の四つの要件を掲げた。

エー3［情報面説明付加（具体例）］

四つ目の情報面において、さらに説明を加えると、システム上相互に情報閲覧ができるという自治体や、児童虐待部門からは保健部門の健康カルテ等を閲覧することが可能であるという自治体、紙ベースで定期的にケースのやり取りをしているなど、自治体ごとに工夫がなされている。

ただし、こうした工夫は、担当者が変わっても定例的に行われるというように継続的な「制度」として自治体内に位置付けられている必要がある。

なお、「一体的運用」がなされているといえるのか否かは、常に支援が必要な子ども側（養育者側）から評価する必要がある。

エー4［ソフト面説明付加（具体例）］

ソフト面の連携の具体例として追加説明をしておく。**指揮命令系統の統一**以外にも次のような業務遂行上の工夫をあげることができる。例えば①ケース対応での同行、②相互研修、③人的交流（異動）などである。補足説明をすると、子ども福祉部門が母子保健部門に虐待の見立ての研修を行ったり、逆に保健部門が子ども福祉部門に医学的な知見を伝えたりというような日常の仕事や**相互研修**を通して、顔が見える関係を作っておくことが重要なポイントとなろう。

その他にも、**人的交流**の効果も大きなものがある。包括支援センター職員と支援拠点職員を定期的に**異動**させるということをしている自治体があ

る。そうすることで、包括支援センター又は支援拠点の動き方が双方で想定できるようになるので、バトンが渡しやすくなり、より連携が強固になったとの話を聞く。こうした工夫の組み合わせにより、両部門の個々具体の業務の射程と遂行の仕方が明らかになり、間隙を埋めていくことができよう。

　次頁に、包括支援センター側からの視点でのネットワーク全国展開図を参考に掲載しておく。

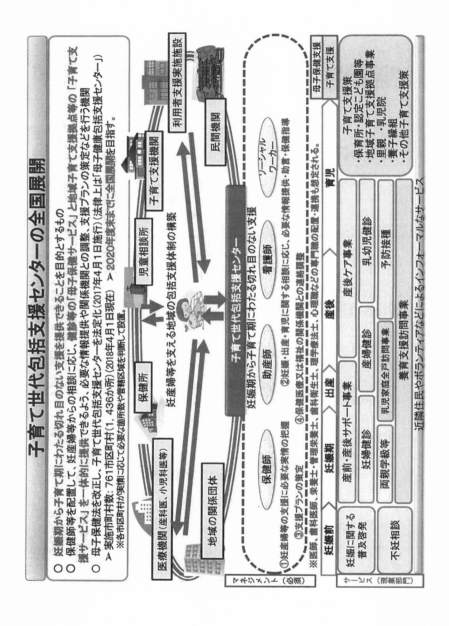

(2) 要保護児童対策地域協議会[3]の活用（要綱5（2）①8頁）

※要保護児童対策地域協議会設置・運営指針

（平成17年2月25日雇児発0225001号）参照

①地域の関係機関をどのようにして見つけ、どうしたら連携できるの
　か。地域ごとに資源を具体的につないでいくことが重要であり、自
　治体がそのハブとなる。
②どのような要対協を作るかは自治体の裁量であり、デザイン力が発
　揮される場面である。

ア　条文（児童福祉法）

（要保護児童対策地域協議会）

第25条の2　地方公共団体は、単独で又は共同して、要保護児童の適切
　な保護又は要支援児童若しくは特定妊婦への適切な支援を図るため、関
　係機関、関係団体及び児童の福祉に関連する職務に従事する者その他の
　関係者（以下「関係機関等」という。）により構成される要保護児童対
　策地域協議会（以下「協議会」という。）を置くように努めなければな
　らない。

2　協議会は、要保護児童若しくは要支援児童及びその保護者又は特定妊
　婦（以下「要保護児童等」という。）に関する情報その他要保護児童の
　適切な保護又は要支援児童若しくは特定妊婦への適切な支援を図るため
　に必要な情報の交換を行うとともに、要保護児童等に対する支援の内容
　に関する協議を行うものとする。

3　地方公共団体の長は、協議会を設置したときは、厚生労働省令で定め
　るところにより、その旨を公示しなければならない。

4　協議会を設置した地方公共団体の長は、協議会を構成する関係機関等

3　「市区町村子ども家庭支援指針（ガイドライン）」21頁、56頁。

のうちから、一に限り要保護児童対策調整機関を指定する。

5　要保護児童対策調整機関は、協議会に関する事務を総括するとともに、要保護児童等に対する支援が適切に実施されるよう、要保護児童等に対する支援の実施状況を的確に把握し、必要に応じて、児童相談所、養育支援訪問事業を行う者その他の関係機関等との連絡調整を行うものとする。

6　市町村の設置した協議会（市町村が地方公共団体（市町村を除く。）と共同して設置したものを含む。）に係る要保護児童対策調整機関は、厚生労働省令で定めるところにより、専門的な知識及び技術に基づき前項の業務に係る事務を適切に行うことができる者として厚生労働省令で定めるもの（次項及び第八項において「調整担当者」という。）を置くものとする。

7　地方公共団体（市町村を除く。）の設置した協議会（当該地方公共団体が市町村と共同して設置したものを除く。）に係る要保護児童対策調整機関は、厚生労働省令で定めるところにより、調整担当者を置くように努めなければならない。

8　要保護児童対策調整機関に置かれた調整担当者は、厚生労働大臣が定める基準に適合する研修を受けなければならない。

（関係機関等の協力）

第25条の3　協議会は、前条第二項に規定する情報の交換及び協議を行うため必要があると認めるときは、関係機関等に対し、資料又は情報の提供、意見の開陳その他必要な協力を求めることができる。

2　関係機関等は、前項の規定に基づき、協議会から資料又は情報の提供、意見の開陳その他必要な協力の求めがあつた場合には、これに応ずるよう努めなければならない。

（協議会の組織等の決定）

第25条の4　前二条に定めるもののほか、協議会の組織及び運営に関し必要な事項は、協議会が定める。

　　　　　　　　　　　　　　※条文の下線・強調は筆者による（以下同）。

イ　要件と具体例

	要件	具体例
理念・方針	①支援拠点が要対協の連絡調整を行う機関［要保護児童対策調整機関］を担う ②関係機関の役割や責務を明確にし、調整し、地域の総合力を高める ※要対協のネットワークを活用するためには ①作り込みのマネジメントと②運用のマネジメントの両面があることを担当者が意識する	・要対協の活用（要対協のガイドラインの8つの意義）を挙げておく ・要対協の意義としては、①支援対象児童等（児童福祉法25条の2第2項に規定する要保護児童（とその保護者）、要支援児童（とその保護者）、特定妊婦）の早期発見、②迅速支援、③情報と課題の共有、④アセスメントの協働・共有、⑤関係機関における役割分担の共通理解、⑥それぞれの機関の責任をもった支援体制づくり、⑦情報共有化による関係機関の同一認識の下での役割分担支援によって支援家庭がよりよい支援を受けること、⑧それぞれの機関の責任・限界・大変さの分かち合い、こうした8つの意義を掲げる →これらについての共通認識をもつ機会を有する
連絡調整	○支援拠点が要対協関係機関との間で情報交換・共有や支援内容の協議等連絡調整を密に行う調整機関（事務局）の役割を果たす	・単なる情報伝達のみればなく、個別ケースの見立てや評価、役割分担と行動の具体について話し合われているか ・その司令塔としての役割を拠点が果たしているか
運営・マネジメント	○常に子どもの権利を意識したアセスメントや支援計画を共有し、全ての機関において、子どもの権利擁護の考えを浸透させ、それに基づく評価を行う	・子どもの権利を第一とした理念を共有できているか ・常に係る理念に立ち戻る会議指針を共有する工夫がなされているか ・連携の具体的方法を学ぶこと

		が必要（どの機関の誰に連絡す ればよいのかを知っていること の重要性）

ウ　更なるグレードアップ

①要対協の構成員のメンバーの選定、拡大・充実等について見直しを行っているか。

　※要対協の構成メンバーは変更できないと地域団体に誤った説明をしている自治体がある。

　　どの団体・機関を構成メンバーにするかは地域で考えるべき事項である（作り込みのマネジメント）。

　　［具体例］子育て支援センター部門の参加（藤枝市）、地域の弁護士加入により法的アドバイスが得られる（玉野市）、地域の大学病院、医師会、歯科医師会等と医療ネットワーク部会設置（文京区）

②要対協でどのような案件を扱い、何を決めるのかについて、要綱等で明確にしているか。

③要対協における関係機関のレベルアップや相互理解を進めているか。要対協主催による教育部門（生徒指導・養護等）との合同研修会の開催（藤枝市）。

④情報共有の範囲及び限界についても関係機関間で協議しているか。

⑤毎年、年度替わりには新構成員に対して機能の周知をするため、要対協制度の法的説明や研修の定例化ができるとよい。

⑥拠点による要対協の活用として、協働による動き方、連携の具体例についての説明や共通理解の促進。

　　［問］要対協メンバーにどの機関・団体・者に入ってもらうのか、随時検討しているだろうか。

　　［問］民間団体は入れない等の誤った説明はしていないだろうか。

　　［問］守秘義務の範囲の検討がされているか。

エ　要対協制度に関する基本知識の確認

　　　　　［詳細参考文献］鈴木秀洋「要保護児童対策地域協
　　　　　議会の再構成——効果的な運営のためのガイドライ
　　　　　ン試案」『自治研究』通巻 1156 号・1157 号（令和 2
　　　　　年 6 月号・7 月号）第一法規

（ア）要対協の設置主体（要対協指針 2 章 1）

　児童福祉法 25 条の 2 第 1 項は「地方公共団体」と規定し、同 6 項は市町村が設置した協議会、同 7 項は地方公共団体が設置した協議会と定めている。法は、市区町村設置の場合と都道府県設置の場合と両者の形態とも認めている。

　しかし、児童福祉法等改正の経緯を踏まえ、これまでの都道府県を中心とした点介入的な児童相談所中心主義から、市区町村による継続的な面支援という市区町村中心主義に舵を切ったのが 2016（平成 28）年改正である。そして、その具体化として、支援拠点の設置を定めた。住民に一番身近な自治体が住民の相談を受けるという点でハードルを低くし、かつ、顔が見える継続的な相談体制を構築する。さらに地域の様々な機関・民間団体等の資源をつなぎ、ネットワークによる面で地域の子どもと家庭を支えようとの法改正趣旨を浸透させるのであれば、設置主体として、市区町村が設置をしないという選択肢は想定しがたい。要対協指針も、「基本的には身近な市区町村が設置主体となる」と定めており、2016（平成 28）年改正を踏まえ、支援拠点が担うことが求められる。

（イ）　要対協の構成員（要対協指針 2 章 2）

　児童福祉法 25 条の 2 第 1 項は、「関係機関、関係団体及び児童の福祉に関連する職務に従事する者その他の関係者」（法 25 条の 2 第 1 項）と規定し、要対協指針では、「地域の実情に応じて幅広い者を参加させることが可能」であるとし、具体例として、①児童福祉関係として、市町村の児童福祉、母子保健、障害福祉等の担当部局、児童相談所、福祉事務所、保育所等、②保健医療関係として、市町村保健センター、包括支援センター、地区医師会、医療機関等、③教育関係として、教育委員会、幼稚園、小学

校、中学校、高等学校、PTA協議会、④警察・司法・人権擁護関係として、警察、弁護士会、弁護士、家庭裁判所、法務局、⑤配偶者からの暴力対策関係として、配偶者暴力相談支援センター等機関、⑥その他として、NPO法人、民間団体、ボランティア等が挙げられている。

　目黒区児童虐待死事件、野田市児童虐待死事件を受けた令和元年の児童福祉法等改正を踏まえるのであれば、構成員の具体例の明示・構成員の選定に関して、以下の追加が必要である。

（イ）－㋐DV防止担当部局、DV被害支援団体等の参加促進　［令和元年改正法関連］

　目黒区及び野田市の児童虐待死事件において、児童虐待対応部局とDV対応部局との連携不足が指摘され、改正後の児童虐待防止法4条1項及び5条1項並びに改正後の配偶者からの暴力の防止及び被害者の保護等に関する法律（以下「DV防止法」という）第4条において、両機関の連携協力（（注）児童虐待防止対策の強化を図るための児童福祉法等の一部を改正する法律（法律第46号）令和元年6月26日公布・一部令和2年4月1日施行等。DV対策との連携強化のため、婦人相談所及び配偶者暴力相談支援センターの職員については、児童虐待の早期発見に努めることとし、児童相談所はDV被害者の保護のために、配偶者暴力相談支援センターと連携協力するよう努めるものとされた）が盛り込まれた。

　従前から要対協指針の具体例において⑤配偶者からの暴力関係の機関との例示があるが、児童福祉法が「機関」「法人」「機関・法人以外の者」という使い分けをしている（児童福祉法25条5）ことからすれば、疑義のないように、要対協指針にも改めて自治体内のDV防止担当部局（機関）を構成員とすべきこと及び民間の支援団体（法人や機関・法人以外の者としての民間団体等）を含めての具体例を追加することが明確であると考える。いずれにしても、地域におけるDV被害者支援機関・団体が入っていない要対協では児童虐待対応の面支援はなし得ない。

（イ）－㋑構成員は地域状況に応じて随時柔軟に選定・追加等を行うこと

　全国の自治体に講演・研修・ヒアリングを重ねていくと、要対協の構成メンバー追加に消極的な自治体が多い。地域に新たな子育てに関連する地

域団体ができても要対協に入れることができないとの説明をしている場面に頻繁に出会う。しかし、児童福祉法及び要対協指針にそうした縛りはない。要対協指針には要綱を制定すべき旨の規定があるが、それは内容を明確にしておこうとの趣旨にすぎない。また要綱は行政内部での統一的事務処理の便宜のためのルールにすぎず（法や条例のように外部的効力を有しない）、制度運営の円滑化のために随時変更を重ねていくことが求められる。

（ウ）　法改正による関係機関の情報提供義務規定

従前から要対協関係機関等に対し、資料又は情報の提供、意見開陳その他必要な協力を求めることができる旨の規定は存在していた（法25条の3第1項）が、情報を求める側の規定であり、提供に消極的な医療機関等が存在していた。これは当該協力要請に応じることで、当事者等から訴えられる等のリスクを考えると回答を控えざるを得ないと何度も言われた。

筆者は繰り返しこの点について国・国会議員に直接実態をレクチャーし、訴えてきた経緯がある。令和元年児童福祉法等改正では、同条第2項に応答義務規定が設けられ（「…必要な協力の求めがあった場合には、これに応ずるよう努めなければならない」）、この規定により、協力を求められた関係機関等も資料等を出しやすくした。

この追加改正により、要対協構成機関は積極的な資料・情報のやり取りを求められ、かつ、応じやすくなったとの感想をもらう。この規定の積極的周知が必要である。

（エ）　秘密保持義務（要対協指針5章）

要対協を運用するに当たり、法は、構成機関・法人・者の秘密保持義務（25条の5、61条の3）を定めている。要対協が個々人のセンシティブな情報を扱うものである以上、不可欠な規定である。ただし、この規定は、要対協構成員外への秘密漏洩の場合に適用されるものであり、この規定が存在する意義は、要対協の構成員間では、支援対象児童等を適切に保護し、又は支援を行っていくために積極的な情報交換を保障する点にこそ意味があると解釈できるのである。このような制度設計はDV防止法や、ストーカー行為等の規制等に関する法律には存在しない画期的な制度設計である。

関係機関に対し何度も繰り返しの説明と周知が必要である。

（オ）　構成員の当事者性

　要対協の構成員になるということは、地域資源を使いながら、担いながら、一つ一つの機関が有するパズル的な情報を、家族全体を見立てる全体の絵柄に統合する役割を担うということである。その全体の絵柄を見つつ、関係機関のそれぞれが当事者としての役割を担う責務を負うのである。要対協構成員は、お客さんや単なる参加者であってはならない。その全体の指揮・司令塔が前述した支援拠点（10 条の 2）である。

　こうした**当事者意識**を浸透させ、例えば、①乳幼児健診の受診の有無、結果、②こんにちは赤ちゃん訪問、泣き声通告時の訪問に対する対応（拒否等）、③発育状況の記録等（以上①～③は母子主管課が把握しうる事項）、④学校等の登校状況、学校での健診結果や教室での様子や保健室利用の状況（養護教諭の見立て）、⑤DV に関する情報、⑥その他関係機関からの情報（生活保護の受給状況・訪問時の様子、ひとり親家庭の手当受給等）、また⑦随時更新される状況として、支援対象児童等と面会・訪問等接触した事実（記録）や支援対象児童等に関して新たに入手した情報等について支援拠点が働きかけなくとも定例的かつ自動的に要対協に情報が上がってくるようにルールや手順を定めておくべきであろう。

　（なお参考として、厚生労働省子ども家庭局家庭福祉課「要保護児童対策地域協議会の効果的な運営等について」（令和 2 年 6 月 18 日事務連絡））

（カ）　まとめ（支援拠点と要対協の関係性）

　筆者は、これまで多くの自治体研修等を行ってきているが、現場からの質問で多いのが支援拠点と要対協を別の制度と捉えどちらを先に整備すべきかというような質問である。しかし、法及びガイドラインが提示しているのは、司令塔としての支援拠点が要対協のネットワークを「活用」するという関係性である。両者は、一体のものである。支援拠点が地域のネットワークをつないで子どもを守っていくのであり、いわばワンチームなのである。

(3) 児童相談所との連携、協働 （要綱4（3）②6頁）

【重要な理解】
・児童相談所（以下、児相）と支援拠点は上下関係でなく、また児相が支援拠点に指揮命令をする関係にあるものではない。
・児相のケース終結が即支援拠点での支援終結とはならない。支援拠点として地域で継続的に支援する理由と手法がある。

ア　要件と具体例

	要件	具体例
理念と方針	○個々のケースの状況等により、役割分担・連携を図りつつ、常に協働して支援を行う	・連携の具体論を詰めているか ・子どもや家庭状況の見立てに漏れはないか、その基礎資料収集は十分か、定期的報告の機会を双方設定しているか ・行政例の視点でなく子どもの利益の視点から、要対協専門部会（月1回）において情報を共有している ・必要に応じて迅速かつ随時個別ケースについて情報交換と具体的役割分担を行っているなど
定例連絡調整	○定例的に情報交換や連絡調整の機会を設け、日頃から良好なコミュニケーションを図る	・案件の緊急度を見立てて連絡調整の日を決めているか ・次回日程を必ず決めているか
主担当決め責任の所在	○必ず主担当機関を定め、責任を明確にする。緊密な連携のもとに援助又は支援を行う（ケース対応に関する共通理解や問題認識の共有、円滑な情報共有）	・どの機関が何をするかの具体論を決めているか ・その決定は担当者が決めたことか、組織としての決定なのか確認する

見立ての見直し（再評価）	○ケース対応で相互の意見が違ったときに、ケースの客観的な見立ての見直しを行う	・当初から見立ての食い違いが生じることを想定して見直しの機会を設定しているか ・地域への復帰などの場合には、どの関係機関を支援機関とするかについても現状の子どもの様子を共有して決めているか ・見立ての相違がある場合は、双方の立場で判断した安全最優先の支援を実行しながら、並行して協議をすすめているか

イ 更なるグレードアップ

①情報の引継ぎの重要性を児相に伝え、その認識のもとで詳細かつ丁寧な地域での対応方針を共有しつつ、行動する。

②虐待対応マニュアルの活用や連携技術研修を企画し、各機関に向けて講師を派遣するとよい。

③［児相との役割分担と連携］特に措置解除前の協議や措置解除に伴う（措置中の子どもの様子や心理診断の見立てや今後の関わりの方針など）地域への情報提供が十分なされていないとの不満が多数基礎自治体側からあげられる。児相側からの一方的な連絡・方針伝達だけでなく、基礎自治体側の声を聞く機会を児相側が設ける必要があろう。

④市町と児相との間の共通の対応マニュアル（三重県、青森県、静岡県、奈良県等）

ウ 児童相談所との関係の重要事項（実務上の課題）
（ア） 法制度上の建前と具体的基準

　実際の実務においては、主担当が児童相談所か支援拠点かが争点となる場合が少なくない。

　法は、この点権限分配の原則を定めている。すなわち、児童福祉法10

条に市区町村の業務、11条に都道府県の業務（12条に児童相談所）が規定されており、①専門的な知識及び技術を必要とする場合、②医学的、心理学的、教育学的、社会学的及び精神保健上の判定を必要とする場合、③一時保護を行う場合、④一時保護解除後の措置による児童の安全確保を行う場合等は児童相談所が行う。

　さらに具体的には、「市区町村子ども家庭支援指針」は別添12において、「児童相談所と市町村の共通リスクアセスメントシート（例）」を定めている。記載上の留意点として、「1. 総合評価」「(1) 虐待の緊急度と重症度」において、緊急度については、同別添4中「一時保護決定に向けてのアセスメントシート」及び「一時保護に向けてのフローチャート」を参考にすべきとする。また、虐待の重症度については、リスク程度の参考として、「子ども虐待対応の手引き（平成25年8月改訂版）」における「虐待の重症度等と対応内容及び児童相談所と市町村の役割」の分類として、①「死亡・生命の危険（最重度虐待）」、②「分離保護が必要（重度虐待）」、③「在宅支援（中〜軽度虐待）」、④「集中的虐待発生予防：虐待早期発見・早期対応（虐待ハイリスク）」、⑤「自立的な養育が可能（虐待ローリスク）」等の区分を示し、①〜③が児童相談所、③〜⑤が市町村との提示をしている（③が重畳部分）。

　こうしたツールを示しつつ、「基本的な役割分担の考え方」として、「児童相談所を中心に対応」する事項として「①虐待に起因する行動面や心理面の問題が生じている子どもへの支援、②出頭要請等、子どもの安全確認のための緊急対応、③保護者からの分離による支援が必要な子どもの保護、④児童福祉法第27条による措置や児童相談所による各種判定を必要とする子どもと保護者への対応」をあげる。また、「市町村を中心に対応」する事項として、「①虐待に至る可能性のある要因を抱えた子どもや保護者への支援、②軽度から中度の虐待ケースにおける在宅指導、支援」をあげる。

　児童相談所と市区町村との間では、この市町村子ども家庭支援指針を基に、都道府県と市区町村の間で、送致のためのマニュアル、リスクアセスメントシート、チェックシート等を作成している例が見られる。そうした

今現在のマニュアル等をチームメンバーの認識レベルに合わせて、誰もが使えるものに作り替えていくことが必要である。

　なお、係るチェックシートを作成し、一定のチェック数が存在すれば児童相談所の所管であり、一定のチェック数未満であれば市区町村が所管するとの取り決めを児童相談所と市区町村との間で行っている自治体がある。明確でうまく行っていると回答する自治体担当者がいる一方で、同様の試みをしてうまく行かなかったと否定的な回答をする自治体担当者もいる。チェックシートの有効性と運用上の限界・留意についても十分な協議が必要となろう。

（イ）上記考え方・基準による協議が整わなかった場合

　しかし、こうした基準については具体化し隙間をどれだけ埋めたとしても、また協議を重ねたとしても、見立ての相違等により協議が整わない場合（いわばノンリケットの状態）は生じる。むしろその場合こそが間隙が生じ子どもの命が危険な状況なのである。現場ではこの見立て違いは日常景色である。

　では、その場合はどうすべきなのか。筆者は、原則として児童相談所が主担当としてケース対応せざるを得ないと考える。なぜならば、支援対象児童等の命・安全の確保の視点を重視すれば、命を救うことが最優先とされるべき利益であり、組織間の間隙は必ず防がねばならない。そして、この場合は、法的権限を有しかつ専門の人的スタッフを有する児童相談所が最終的な危険負担を負うとの制度設計が求められる。

　実は、この観点から、市町村子ども家庭支援指針は作られている（（注）筆者はこの指針作成のワーキング委員として組織の間隙に子どもが落ちることのないような議論を行い、文言上も手当をしている）。

　具体的には、1章2節「3市町村と都道府県の協働・連携・役割分担の基本的考え方」、(4) 中「自ら対応することが困難であると市町村が判断したケースについては、児童相談所が中心となって対応することを基本に、都道府県（児童相談所）と市町村の協働・連携・役割分担の具体的あり方について、十分調整を図り、方針・役割分担の記録は残しておき、組織として、担当者として共有を図り、変更が生じるたびに改訂を加えていく」

と定める。一方で、2章2節「2子ども家庭支援全般に係る業務」「(3) 相談への対応」「④ア都道府県（児童相談所）から市町村への事案送致」では、「当該送致に当たっては、…あらかじめ役割分担を明確し…児童相談所は市町村で開催される要保護児童対策地域協議会の実務者会議に可能な限り参加し、市町村の現状を適切に把握する必要がある。その上で、市町村と十分協議を行い、相互の合意を得た後に」と定める。つまり、基本的に協議を前提にしつつも、整わない場合のケース対応の危険負担を児童相談所が担うべきであるとしたのである。

むろん、協議が整わない事態にならないような常日頃の担当者間の密な情報交換や見立て合わせは必須であるが、協議不調の場合を想定しておくことが子どもの命を守るために何よりも重要なことである。

(ウ)　まとめ（児童相談所と支援拠点との対等機関性）

しかし、上記は、法的危険負担の観点からの考察であり、このことは、児童相談所と市区町村との関係が上下関係や個々の事案の指揮命令を意味しているものではない。

地域資源をよく知りうるのは児童相談所ではなく市区町村（支援拠点）であり、その地域資源をつないで子どもの命を守っていくこと、要保護児童対策地域協議会の事務局として関係機関間を面でつなぎ、役割分担と連動の司令塔としての役割を果たしていくことは市区町村（支援拠点）に求められていることであるし、市区町村（支援拠点）こそが良くなし得ることなのである。目黒事件、野田事件等の虐待死事件の再発防止検証で明らかとなったのは、市区町村が児童相談所の下部組織的であるかのような指示を受け、指示待ちをさせられたりする上下関係的なケースワークのあり方である。一時保護や一時保護解除や要対協の個別ケース会議の開催・運営等において、市区町村が積極的に児童相談所に働きかけていく姿勢が見られなかった。市区町村としての見立てを行い、それをきちんと児童相談所にも伝え、十分な議論を尽くすことが支援拠点制度下において求められている。

（4）教育部門との関係：学校・教育機関との関係

市町村子ども家庭支援指針（ガイドライン第5章第3節）

ア　学校（幼稚園、小・中・高等学校等）との関係

	要件	具体例
早期通告 業務の流れ 説明	○通告・相談後の業務の流れを説明し積極的な早期通告と役割分担を行う	・要保護児童の通告を早期に行うために、日ごろから支援拠点との連携を図る ・保護者や子ども等に市町村（支援拠点）への相談を勧める ・校長、教頭、担任教師、生徒指導主事、スクールカウンセラー等と面談等を通じて共通理解を図る ・特に担当教師等との協力の下具体的役割分担を進める （一時保護等で児童相談所との交渉が必要となることから午前中に連絡をすることなどのルールを設けている自治体あり（三重県））
一貫的支援	○機関同士の支援の一貫性等を確認	・要保護児童対策地域協議会などで支援方針について協議を行う ・非行等の問題行動を起こす子どもや不登校の子どもについても、支援拠点、児童相談所、警察、学校等間で十分な協議を行い、一貫した組織的支援を行える体制を整えておく
障害児支援	○障害児等に対する子ども家庭支援	・地域の特別支援学校又は小学校、中学校等と十分連携を図り、障害児の今後の生活全体を視野に入れた支援方針を提供し、一貫した支援が行われるよう配慮する

学校からの情報提供	○学校から出欠状況等の定期的な情報提供を求める	・要保護児童対策地域協議会の進行管理台帳に登録児の情報提供を定期的（例えば1か月に1回）に受ける ・情報を組織的に評価し、必要に応じて迅速な個別ケース検討会議を開催し、状況把握及び対応方針の検討を組織的に行う ・具体的手続等について、「学校及び保育所から市町村又は児童相談所への定期的な情報提供について」（平成22年3月24日雇児発0324第1号）を参照 ・どのような情報を挙げてもらうのか詳細を支援拠点が指示するとともに、学校側も指示待ちの姿勢でなく自ら積極的かつ具体の情報を提供する（野田市虐待死事件検証報告参照）
法令等の確認	○個人情報の取扱いについて正確な理解を徹底する	・学校、教育委員会等が要支援児童等に関する知り得た情報を市町村に提供することは、個人情報保護法（条例）に規定する「法令に基づく場合」に該当し、本人の同意を得ないで情報を提供しても個人情報保護法違反や刑法の秘密漏示罪や守秘義務に関する法律の規定に抵触するものではない。このことを学校等に周知する必要がある（児童福祉法第21条の10の5第1項・第2項等参照） ・令和元年の改正児童福祉法の内容を踏まえ、虐待の発生予防のためには、子ども及びその保護者等の状況を把握し、市町村が積極的に支援を行うことが重要であることを学校に対して周知し、積極的な情報提供を依頼することが必要（関連通知：要支援児童等（特定妊婦を含む）の情報提供に係る保健・医療・福祉・教育等の連携の一層の推進について（平成28年12月16日雇児総発1216第2号・雇児母発1216第2号）参照）。また、児童虐待防止法第13条の4参照。関連通知として、児童虐待の防止等に係る児童等に関する資料又は情報の提供について（雇児総発1216第1号平成28年12月16日）参照）

イ　教育委員会との関係

教育委員会との連携	① 児童福祉法第27条第1項第3号の措置に伴う転校手続について、できるだけ速やかに行えるよう教育委員会と連携を図る ② 市町村（支援拠点）は、早期からの教育相談・支援や就学先決定に当たっての総合的判断を行うために設置される教育支援委員会等と十分な連携を図り、児童福祉の観点から意見等を述べる ③教育委員会が行う教育相談に必要に応じ協力する等十分な連携を図る ④教育相談所は、就学上の問題や悩み等について幅広く相談を受け付けているので、子どもについて、いじめ、友達ができない、うまく遊べない、不登校など、就学や家庭養育等に関し挙げられる様々な問題に関して、市町村（支援拠点）は教育相談所とよく連携を図る ⑤平成28年児童福祉法等改正法において規定された、要支援児童等に関する情報提供については、1.「学校（幼稚園、小・中・高等学校等）との関係」に記載のとおり、教育委員会も提供主体の対象となるため、教育委員会に対し、当該情報提供に係る規定の内容を周知し、積極的な情報提供を依頼する

ウ　指摘事項・留意事項

①支援拠点と学校・教育委員会との情報のやり取りが十分できていないとの指摘が多い。

②子どもを守るために法的には情報のやり取りがなされるべきとされているにもかかわらず、この点の理解が学校・教育委員会側に乏しいとの子ども部局からの声が挙げられる。

③校長や教職員の異動が毎年あることからも、少なくとも毎年児童虐待対応の流れなどを支援拠点側で説明する機会を設ける。

④また学校側としては児童虐待対応の知識を有す担当者を決めるとともに、学校における知見を組織的に引き継いでいくことが重要である。

（5）家庭児童相談室との関係 （要綱5（2）④9頁）

ア　家庭児童相談室の位置付け

　支援拠点は、子どもや家庭に対する専門的な相談支援を行う役割を担い、従前の福祉事務所に位置付けられている家庭児童相談室（家庭児童福祉に関する専門的技術を必要とする相談指導業務を行う）の機能を包含している。

　　それゆえ、家庭児童相談室を核とした拠点整備が想定される。具体例として、岩国市、山口市など。

イ　今後の家庭児童相談室のあり方

　家庭児童相談室に関しては、「家庭児童相談室の設置運営について」（昭和39年4月22日付）の通知を発出し、福祉事務所に設置できるものとされている。法律ではなく、通知で位置付けており法的設置義務はない（ただし、家庭児童相談員は地方交付税措置の対象となっているため（非常勤職員1名分の人件費）、一般的には、自治体で設置されるべきものと考えられている）。

　なお、家庭児童相談室は、機能的には支援拠点に包含されるものであることから、従来の家庭児童相談室が機能を拡大して、支援拠点となることが平成28年児童福祉法等一部改正において想定された形である。福祉事務所の一部として、家庭児童相談室を残さないといけないという法的義務はない。自治体が組織づくりしやすいように、そのデザインが委ねられているといえる。家庭児童相談室を解体する自治体と存続させつつ機能拡大する自治体とに現実別れている。

（6）DV 担当、医療機関、警察、児童家庭支援センター、地域子育て支援団体その他関係機関との連携
（要綱4（3）③7頁）

　支援拠点では、自らの自治体の様々な関係機関を子どもの命を救うためにつなげるソーシャルワーク機能が求められる（**既存の関係性の改善**）。

　［問］地域にどんな機関や資源があり、連絡先を知っているだろうか。
　　　　担当者をどれぐらい知っているだろうか

　［問］拠点における日々の仕事の中で、又は研修等で確認し、顔見知りになっているだろうか

　具体的な機関としては次のような機関があげられる。

子どもの権利を守るための支援業務を円滑かつ効率的に実施するための関係機関	○保健所、市町村保健センター、民生委員・児童委員（主任児童委員）、教育委員会、学校、医療機関、幼保連携型認定こども園、児童福祉施設、里親、養子縁組家庭、地域子ども・子育て支援事業実施機関、障害児・者相談支援事業所、障害児通所支援事業所、発達障害者支援センター、子ども・若者総合相談センター、地域若者サポートステーション、警察、少年サポートセンター、子ども・若者支援地域協議会、（地域自立支援協議会）その他地域の関係機関、地域における各種協議会等
留意事項	○特に民間団体との間においては、協定を締結する等して、個人情報の管理の徹底について意識しつつも、積極的な情報のやり取りを行うようにして支援の形の多様化を図っているか

（更なるグレードアップ）

①様々な関係機関、つながるべき地域の機関や団体を開拓し、それをネットワーク化[4]していくことが大切

　［論点］支援拠点は、365日、24時間開設しているものではない。しかし、子どもが日常生活を送るということは、365日、24時間対応が必要であるということである。その視点を忘れてはならない。その意味では中津市、別府市における児童養護施設と市の支援拠点との連携の取組に注目したい。

②上記で掲げた関係機関の他にも当該地域の子どもに関わる機関や団体と積極的に連携を行っているか。

③支援に必要なサービスについて、児童福祉に携わる市民と合同で勉強会を行い、実施団体となるNPO法人立ち上げを支援し（子ども育成支援事業）、また、社会福祉法人の社会貢献事業にメニューを提供する（藤枝市）。水道、新聞組合、東京ガス、地域NPO団体との間でおせっかいネットワークを立ち上げて（要綱）、見守りと連絡会を設けている（文京区）。

④障害児・者支援団体との連携（2019.3.19「児童虐待防止対策の抜本的強化について」②児童虐待の発生予防・早期発見⑩障害のある子どもとその保護者への支援の強化参照）

⑤ひとり親家庭支援団体との連携（世田谷区）。認定NPO法人しんぐるまざあず・ふぉーらむは、コロナ禍でのひとり親家庭への積極的支援を行っており、こうした団体からの意見聴取や積極的連携が望まれる。

⑥相談対応のメニューとしては、カウンセリングだけでなく、お芝居を一緒にやることであったり、音楽やスポーツや芸術などとの連携の取組は有効であ

4　新しい社会的養育ビジョン（「新たな社会的養育の在り方に関する検討会」平成29年8月2日とりまとめ公表）／都道府県社会的養育推進計画の策定要領（3. 都道府県推進計画の記載事項）（3）市区町村の子ども家庭支援体制の構築等に向けた都道府県の取組 ①【市区町村の相談支援体制等の整備に向けた都道府県の支援・取組】・包括支援センター及び市区町村子ども家庭総合支援拠点の普及、市区町村の支援メニュー（ショートステイ、トワイライトステイ）の充実、母子生活支援施設の活用について、都道府県の行う支援・取組を盛り込んだ計画を策定すること。・子ども家庭支援に携わる職員の人材育成支援策に関する計画（都道府県の行う取組）を策定すること。②【児童家庭支援センターの機能強化および設置促進に向けた取組】・児童家庭支援センターの機能強化の計画および設置に向けた計画（設置時期・設置する地域）を策定すること。

る。地域のこうした団体とつながって支援拠点のチームやメニューを増やしていくことは地域の多様な子どもと保護者を支えることになる。例えば、NPO法人アーツイニシアティヴトウキョウ［AIT/エイト］では、国内外の芸術家を招き、多様な子どもに向けたワークショップや美術館での作品鑑賞を行う「dear Me」プロジェクトを行っている。アートを通じた、子どもの自由な想像力とメンタルヘルスをサポートする学びのほか、福祉、精神科医療などの専門家を招き、大人が社会課題について学ぶ講座も開講していて注目される（http://dearme.a-i-t.net）。プログラムを担当した清水美帆（dear Me スタッフ、アーティスト）は次のように述べる。「アートは困難から人を一時的に避難させてくれたり、思いがけない対処や克服の術を引き出す力を秘めています。アーティストとの交流は、知らなかった自分を発見するキッカケを子どもに与え、周囲の大人を驚かせることもしばしば。気持ちのバランスを保ったり、心の拠り所となることも、重要なアートの役目であると思います」。

⑦NPO法人レジリエンスは、自治体担当者のDV・性暴力等の理解促進のために土台からの積み上げ方式の研修を行っている。個々の相談担当及び制度設計担当が必須の専門的知識・知見を身に着け、個々の職員及び組織能力を向上させるために連携することが有用である。同団体の代表中島幸子氏、西山さつき氏は、「DV、パワハラ、いじめなど様々な傷つきを抱えた女性が回復するための12回の連続講座「こころのcare講座」を開催しています。体の傷と同じように心の傷も手当が必要です。DV被害者である母親がトラウマから回復することは、子どもの精神の安定につながります。どのような地域でも同講座が開催できるように、ファシリテーターの養成も行っています。またDVや虐待、性虐待、性暴力についての支援者研修にも力をいれています。支援者がDV、性暴力、性虐待についての知識を深め、そして支援者自身もセルフケアを行い、より良い支援体制を目指すことが重要です。良い支援体制があることで、当事者の回復が可能になるのです」と述べる。自治体外部のこうした専門支援機関の力を借りて組織力を継続的にあげていくことが必要である。

⑧行政職員の短期異動の現状や要対協構成メンバーの知見の凸凹に対し、継続的にこうした組織・職員への子どもに係る知見習得プログラムや研修提供に取り組む民間の動きもある（ママリングス、代表落合香代子など）。

第2章

支援拠点

【詳細各論】

1

実施主体

(1)【原則】市区町村

要件	要綱等の具体例
拠点の継続の視点からは、条例・規則・要綱等による明確化が望ましい	岩国市、藤枝市、南房総市、千歳市、越前市等

※各自治体の要綱の例については 29 年度・30 年度自治体ヒアリング報告書参照
※【ワンポイントアドバイス】　自治体名○○（設置）要綱

> 1 条　［目的］児童福祉法 10 条の 2 に基づき、支援拠点を整備することを目的とする。
> 2 条　［所掌事務］所掌事務については
> 　　　　一　（支援拠点の 4 業務）
> 　　　　二
> 　　　　三
> 　　　　四
> 3 条　［人的配置等］［設備］
> 4 条　［事務局］

　以上の形で要綱を整備することができる。

(2)【例外的形態】社会福祉法人等への一部委託など

Ⅰ【例外的形態（Ⅰ）】

一部を社会福祉法人等に委託する場合
ア　要件
①委託先（社会福祉法人等）に適切かつ確実な業務遂行能力があること

②委託先が徹底した個人情報管理の体制整備を行っていること
③上記①②について自治体が十分な確認作業・認定を行っていること
④上記③を遂行するために条例・規則等を整備していること

イ　具体例（要綱の具体化）

①委託先の社会福祉法人等の組織体制、指揮命令関係、財務・資産関係が明確かつ継続的であること（施設長は、子ども相談・ケースワーク歴が〇年以上の経験を有すること等）
②社会福祉法人等が他の事業を行っている場合等、その他の事業に個人情報が流れないようハード面・ソフト面の対策がとられていること、個人情報の扱いに関する厳格な定め及び罰則等の定めが存在すること等
③自治体が行うべきことと委託先が行う業務について、その内容と相談・ケースワークの流れとが明確に定められ、疑義がない又は疑義を解消するシステムが存在すること。ケース移管や情報共有に関して、常時相互にバトンを渡しあえるシステムを構築していること、定期的ケース会議等が開かれ、PDCAのサイクルによる改善がなされるシステムとなっていること。
④委託先との連携不足は子どもの命に直結するものであり、委託に係る条例・規則等の法整備がなされていること、かつ、委託先との間で詳細な業務委託契約書等を締結していること

ウ　委託自治体の例

福井市が一部委託を行っている（平成30ヒアリング報告書89頁参照）。

Ⅱ【例外的形態（Ⅱ）】

複数の自治体による共同設置可能

ア　要件・具体例

小規模や児童人口が少ない市区町村において想定できる手法である。
※検討している小規模自治体はあるが、現在調査の限りではこの形態の設置例（利用）はない。

2 対象

地域内の<u>全て</u>の子どもとその家庭及び妊産婦等を対象とする。

3 業務内容

支援拠点が担う機能（役割）としては次の 4 つの業務がある。

次の 4 つの業務：次頁参照。

（1）子ども家庭支援業務に係る業務 （参考）法 10 条 1 項 1 号〜4 号（ア・イ・ウ・エ）	ア：実情の把握 イ：情報提供 ウ：相談等への対応 エ：総合調整
（2）要支援児童及び要保護児童等並びに特定妊婦等への支援業務 （ア・イ・ウ・エ・オ・カ・キ・ク）	ア：相談・通告の受付 イ：受理会議（緊急受理会議） ウ：調査 エ：アセスメント オ：支援計画の作成等 カ：支援及び指導等 キ：児童記録票の作成 ク：支援の終結
（3）関係機関との連絡調整 （ア・イ・ウ）	ア：要対協の活用 イ：児相との連携・協働 ウ：他の関係機関等との連携
（4）その他の必要な支援	里親支援等

以下、上記（1）、（2）、（3）、（4）について詳述解説していく。

（1）55 頁〜62 頁、（2）63 頁〜76 頁、（3）77 頁、（4）78 頁〜80 頁

なお(3)関係機関との連絡調整（ア：要対協の活用、イ：児相との連携・協働、ウ：他の関係機関等との連携）に関しては、1章3支援拠点を開設する場合の関係機関の項目24頁以下でそれぞれ（1）包括支援センター（利用者支援事業（母子保健型））との関係（24頁）、（2）要保護児童対策地域協議会の活用（31頁）、（3）児童相談所との連携、協働（39頁）、（4）教育部門との関係（44頁）、（5）家庭児童相談室との関係（47頁）、（6）DV担当、医療機関、警察、児童家庭支援センター、地域子育て支援団体その他関係機関との連携（48頁）に詳述している。

（1） 子ども家庭支援業務に係る業務 (4項目)

ア　実情の把握（(参考) 法10条1項1号 要綱4 (1) ① 2頁）

	要件	具体例
理念・方針	○養育環境全般について、家庭全体の問題として捉えること	・子どもだけ又は母親だけと接触して、家庭全体（同居の有無にかかわらず、祖父母や兄弟を含む）の背景や力学を見落とすことがないように ・ジェノグラムの利用し、家庭関係家族状況を調査した上で、支援が必要な家庭か判断
把握の方法	①関係機関等からの必要な情報を収集 【Q】何が必要情報か？	・情報収集項目・方法について、組織におけるマニュアル等を定めて共有しているか

<table>
<tr><td rowspan="2" style="writing-mode: vertical-rl;">（１）子ども家庭支援業務に係る業務</td><td></td><td>②情報収集には、インフォーマルなリソースも含めた地域全体の社会資源の情報等の実情の把握を継続的に行う</td><td>・例えば、住民基本台帳の確認、保育園・幼稚園・認定こども園・小中学校等の在籍・状態確認、乳幼児健診の受診の有無（発達の状態や養育者の状態）等、要フォローの有無等、父母や祖父母の疾患の有無等、子どもや家庭に関わる場合に、迅速かつ定型的に初期段階に確認しておくべき事項が組織で共有されている</td></tr>
<tr><td>留意事項</td><td>○保育所・幼稚園、学校等に在籍していない子どもや「居住実態が把握できない児童」の把握に努める。</td><td>・居住実態が把握できない児童に関して、毎年の厚労省・文科省が全国調査を行っている
・情報の取り方や自らの組織でどこまでを行い、警察に依頼するか等、調査手続が定められているか協議している
・特に乳幼児健診等未受診の子どもの安全確認にも注意
・家族のダイナミズムやパワーバランスを理解し、支援の継続を前提とした調査を行っているか</td></tr>
</table>

（更なるグレードアップ）

初動調査は担当者だけではなく複数名でシステム的に同時調査を行うと、記録の作成と調査時間の短縮が可能になる。

［論点］所得状況（生活力）の確認については、自治体によって税務情報のアクセスの可否について見解の対立がある。

イ　情報の提供（（参考）法 10 条 1 項 2 号 要綱 4（1）② 2 頁）

	要件	具体例
理念・方針	（子どもとその家庭に） ①利用しやすい社会資源に関する情報提供をすること ②提供の仕方を工夫すること 【Q】子どもや保護者の傾向を把握しているか？	・子どもの年齢や発達段階、発達の特性等を理解した上で、子どもや家庭に受け入れられやすい形に情報を加工し、提供しているか ・例えば、口頭よりも文書や図画が有効である人には、その方式で情報提供を行う ・有効な提供の前提として、児相から情報・記録等を積極的に集めておく姿勢も大切
留意事項	○個人情報の関係機関への提供方法に注意	・適切な共有範囲の設定 ・関係機関への情報提供の手法については事前に詳細な取り決めをしておく ・扱う情報はセンシティブ情報であり、関係機関の構成員全てが情報にアクセスできる状態は好ましくない

（更なるグレードアップ）

①相談受付啓発として「とよた急病・子育てコール 24」（コールセンターが医療機関に関する相談対応だけでなく子育て相談も受け付ける）の周知のために小学 1 年から中学 3 年対象のポスター作品募集など。

②外国語にもできる限り対応する。タブレットの使用など（文京区）、「みんなと KIDS」英語版、中国語版、ハングル版（港区）。

③［情報提供］（自治体の例）親子ふれあいサロンで保育士常駐相談対応（熱海市）。市区町村などが発行している「たより」やチラシなどを手渡し、必要な個所にマーカーするなど、工夫した上で情報提供する（妙高市）。子どもの成長とともに心構えや具体的対応を掲載した親と子のあゆみ応援シート（1 歳・3 歳・5 歳・小学校入学前）（枚方市）。出産・子育て応援メール（港区）。

［留意事項］医療機関への働きかけ（医療機関が守秘義務を根拠に提供しないこ

（1）子ども家庭支援業務に係る業務

とも多々ある）。児童福祉法25条の3の第2項の新設について説明を行う。

［論点］要対協関係団体にどこまで情報共有するか。情報の選別。

ウ　相談等への対応（（参考）法10条1項3号 要綱4（1）③2頁）

	要件	具体例
理念・方針	○相談対応の場合には常に子どもの権利保障という目的を意識すること	・支援方針や支援計画を立てる場合の羅針盤としているか →具体的一歩が「子どもの権利利益の向上」になる方法かチームで確認・検証 ・保護者との関係構築に重点を置きすぎない
相談時の視点	○相談者のニーズを把握 →それに応じたカウンセリング等の支援 →子ども・子育て支援施策に係る市区町村事業の活用	・相談者のニーズにあったメニューの提供等支援ができているか ・気持ちを受け止める必要がある場合、継続的に通ってもらう必要がある場合、育児等の技術アドバイスが必要な場合、自治体のサービス提供が必要な場合など具体的アセスメントができているか
相談対象種類と期間	①［種類］一般子育てに関する相談から子ども虐待等に関する相談まで全般（横軸） ②妊娠期（胎児期）から子どもの自立に至るまでの相談全般（縦軸）	・左記相談全般を受けられる人的体制・能力を支援拠点チーム全体で有している ・個人でなくチームとしての体制整備のために非常勤職員の雇用や専門的な他の機関との密接な連携による穴埋めができている
相談体制	上記のための ①相談を受けやすい体制 ②遅滞なく適切に対応する体制を整備	・相談には複数人数で対応する。主担当とコーディネーターなど ・面談間隔の長短について拠点チームで検証している ・相談を受けやすい体制として担当者とのマッチングを考慮 （担当者の変更、継続について柔軟な協議）

| 関係機関の活用

※60頁「つなぐ支援」参照 | 【関係機関との密接な連携の必要と活用】
①関係機関を知っていること
（庁内および庁外の行政機関や民間の関係機関をどれだけ知っているか）
②どうやってつなぐことができるか知っていること
③つないだ後のフィードバックを継続的に行うこと
④つなぐ機関を場合によっては拡充・変更していくこと | ・妊娠相談や子育て支援（自立まで）などを行う民間団体等の社会資源の活用
・学齢期の子どもへの対応では、いじめ等の問題への取組や特別支援教育等の教育関連施策との連携
・例えば母子保健施策、障害児・者支援施策に係る市区町村事業、生活保護や高齢者等の福祉施策、民生委員・児童委員（主任児童委員）のつなぎ方に工夫
・多様な社会的資源の利用により一つの機関の凸凹を埋めて、子どもや家庭のニーズに応えていく体制を作っていく（変更していく）ことができているか
・児童家庭センターとの連携ができているか
・民間団体などのインフォーマルな社会資源に関する情報（常に更新させていく）
・社会資源のハード面よりも人的資源といったソフト面の情報把握が大切 |
| 虐待対応の役割分担 | ①虐待通告及び関係機関等からの情報提供を受け「総合調整」を行う。
②児童相談所との連携・支援（送致・通知（法26条1項③、⑤、⑧）等）を行う | ・どのような場合に児童相談所に連絡し、支援の援助を受けるのか、送致を行うのかについてルールを定めておく
・心理判定や医療的見立て、法的見立てにおける援助を求めるなど
・一時保護が必要であるとの見立てを共有することが大切 |

（更なるグレードアップ）

①一般の子育て相談には、育児や子どもの発達への不安なども含むことに留意（妙高市）。

②いじめ・不登校・ひきこもり相談への対応も含まれる（妙高市・伊予市）。

（1）子ども家庭支援業務に係る業務

③虐待対応ですぐに介入する場合と、一般的な育児相談・子育て等では関わり方が異なってくるので、初期の危険に関するアセスメントは重要（子どもの虐待防止センター）。

④［個別の相談対応］相談に留まらず、必要に応じて同行する。また相談窓口への同行や、行政手続やサービス利用のための手続をともに行う（文京区・中津市）。

⑤相談対応充実のために

相談対応能力向上のために非常勤職員も含めて研修参加を推進。研修参加状況：平成29：61回98延人、平成30：65回95延人（児童虐待・DV対策等総合支援事業補助金、子ども・子育て支援交付金等を活用）（藤枝市）

⑥市の責任体制が明確になっているかの検証は必要（越前市）

［論点］相談者と担当者との相性が合わない場合の変更についてチームで協議ができているか。

エ　総合調整（（参考）法10条1項4号（その他「必要な支援」）要綱4(1)④ 3頁）

	要件	具体例
理念・方針 最善の方法	常に子どもの権利が守られていること ①個々のニーズ・家庭の状況等に応じた最善の方法の選択 ②子どもの権利が守られているかの評価を行い、支援を継続する	・受理支援会議等で行った見立て（当該ケースの背景・特殊性についての調査を前提に随時評価し見立て直しを行っている） ・見守りの名の下に初期評価が放置されていないか ・定型的に対応の検証が行われているか
つなぐ支援 ※59頁「関係機関の活用」参照	①自らの組織における支援と関係機関等との連携 ②地域社会資源を活用して調整する ③包括的な支援に結びつける	・どんな関係機関があるか ・その関係機関の誰に連絡すればよいのか ・関係機関間の得意分野・苦手分野を把握しているか ・関係機関をケースの状況に合わせた時系列で組み合わせていくことができているか

		・関係機関との間で情報のやりとりを十分行えているか
責任分担の司令塔	支援拠点が中核となり、関係機関間による ①役割分担 ②支援の責任の明確化 →円滑なサービス提供を行う	・支援拠点が、要対協等を利用して関係機関の情報共有を行い、役割分担の指示を出せているか ・関係機関の動きを総合的かつ随時把握できているか ・要対協の個別ケース会議等を随時行い適宜役割分担の変更を行いつつ対応していくことができているか

（更なるグレードアップ）

①専門性の強化

②要対協を必要に応じ迅速かつ随時開催する義務があることを認識

③個別検討会議を頻繁に開く。

　・関係機関と連携して地域の実情に合わせた支援メニューを作る。

　・相談者の声を地域全体の子育て支援へ反映する意識を持つ。

　・会議の開催権限を限定せずに、関係機関が開催を呼びかけられるようにする（札幌市）。

④進行管理の徹底

⑤-1　拠点と要対協との関係を十分理解（支援拠点が要対協を「活用」する関係にある）。

⑤-2　市町＝拠点であり、拠点が実際の虐待対応（リスク評価・判断を含む）を行うものであり、要対協はその評価・判断を多機関で多角的に評価するための組織という役割分担を理解（静岡県）。

⑥総合調整の具体例

　［藤枝市例］健康管理システム共用による情報共有（虐待・母子保健・発達）を行っている。障害担当とのシステム共用を令和元年度から開始（システム改修）。虐待部門に保健師を2名配置し、母子保健部門との連携を強化。虐待部門と教育部門が同一フロアにあり、相互の情報交換を行っている。生活困窮者自立相談支援機関（自立生活サポートセンター）が同一建物内（本庁内）にあり、相互の情報交換や相談案内を行っている。ひとり親支援部門が虐待

　　担当と同一課内にあり、相互の情報交換を行っている。

［論点］指揮命令権がないとの法的限界に関して、現行法の下での理念や役割が課題

・情報共有を行い、役割分担を関係機関でともに考える。

・関係機関に指示を出す→ともに考えるためのファシリテート的役割を担う。

・関係機関それぞれが主体的に考えられるように仕掛ける司令塔となる。

（2）要支援児童及び要保護児童等並びに特定妊婦等への支援業務（ア・イ・ウ・エ・オ・カ・キ・ク）

※子ども家庭相談は主にア～クの流れとなっている。（各自治体やケースにより異なる）
※詳細は子ども虐待対応の手引き参照

ア　相談・通告の受付（要綱4（2）①4頁）

ア 相談　イ 受理　ウ 調査　エ アセス　オ 計画　カ 指導　キ 記録　ク 集結

	要件	具体例
必要な情報収集	○必要な情報の把握。必要に応じて指導・助言	・いかなる情報を初期に収集できるか ・ファーストコンタクトの重要性についてチームで認識がなされているか ・話を引き出すための効果的な受付手法（※信頼関係作るために踏み込んで聞くなど）について研修等によりチームのレベルが保たれているか ・相談受付マニュアル 情報収集項目を組織で統一する ・虐待通告の意識を高めるため、子ども関係機関を定期的に訪問 して虐待の通告等の流れを説明する ・顔が見える関係を作っておくことが有効である

（更なるグレードアップ）

①相談についてはありのままを受け入れながら対応する。

②「通告」と「相談」については、その後の対応の流れが異なってくる点の組織内での共通理解と行動指針があるか（すぐ援助が必要か、どんな援助か等）。

③支援が必要か否かという観点が必要なのであり、要支援児童か要保護児童かの分類に拘泥するのは無意味である。

④アウトリーチという点では、拠点担当者（保育士）が母子相談会場に出向き子育て情報の提供や相談を受けている（山口市）。

⑤積極的に子ども関係機関・学校等に訪問して説明する機会を増やすことが重要（藤枝市・文京区）。

⑥藤枝市では、処遇検討会議を週 1 回開催（虐待担当全員）

⑦南房総市の例

　　ア：相談・通告の受付→初動協議→初期調査→イ：受理会議（緊急受理会議）

　　ア：相談・通告の受付→初期調査（児童の目視確認や聞き取り等）→初動協
　　　　議→イ：受理会議（緊急受理会議）

　　ア：相談・通告の受付→初動協議→初期調査・支援開始

⑧虐待通告による情報収集が円滑にできるようにするためには、特に子どもの
　状況を把握できる（子どもと家庭に接点がある）市内全ての小中学校、保育
　園、幼稚園、認定こども園、子育て支援センター、放課後児童クラブに対し
　て、通告と要対協機能について訪問説明し、担当者と顔の見える関係を構築
　しておく（藤枝市・文京区）。各保育園等において出前講座を開催し、園全体
　の意識を統一しておく（藤枝市）。園長会・校長会等を利用して説明を行う
　（文京区）。

⑨個別支援が必要な子どもについて地域の医師会等との情報交換（練馬区）

⑩母子手帳交付時の情報収集や関係づくりは最重要。妊婦の困り感に気付き、
　相談として受理し、支援につなぐことができるような場にする。育児協力者
　や支援者について、ジェノグラムを記載し、妊婦とともに確認する。個人情
　報保護と話しやすい環境づくりのため、個室実施が望ましい。

イ　受理会議（緊急受理会議）（要綱 4（2）②4 頁）

ア 相談　**イ 受理**　ウ 調査　エ アセス　オ 計画　カ 指導　キ 記録　ク 集結

	要件	具体例
方針決定	○当面の方針や主たる担当者、調査の範囲等の決定	・受理会議で誰が何をどこまでやるのかについて具体的役割分担を決定しているか

緊急受理会議	○随時緊急受理会議を開催 【Q】 受理会議の必要条件？	・随時その場にいるメンバーで暫定的かつ迅速な緊急受理会議を行っているか（管理職の存在を待っていては遅い場合がある） ・アセスメントシートの活用（越前市） ・欠席のメンバーに緊急受理会議の結果を伝えるようシステム化（妙高市） ・管理職やチームリーダーを常に設定し、緊急に対応できるか
児相送致の見立て	○児童相談所へ送致すべきかの見立てと緊急の場合の送致	・支援拠点が継続的に対応すべき事案か否かの見立て判断、緊急時の迅速な児相送致の判断ができるか ・県作成の「市町村職員のための子ども虐待対応マニュアル」に沿った共通アセスメントシートを使用している（藤枝市・文京区） ・虐待の受理の場合には、特に事案のリスク（緊急度、重症度）や安全確認（関係機関を含む直接目視、48時間以内）に重点をおく（静岡県・文京区）

（更なるグレードアップ）

①児相との間のリスク評価が共通であることで、同じテーブルで議論することができる（相互理解）。

②児童相談所との共通の評価シート（共通リスクアセスシート）があるのであれば、その利用が有効（妙高市）、果たしてそれが利用できているか確認（静岡県）。

③注意！アセスメント（シート）は常に見直す必要があること、また過度に頼りすぎる危険については強調しすぎることはない（基礎習得段階で有用であるにすぎない）。

④［児相送致の見立て］児相送致に関して、問題となるのはそれぞれの見立てや判断の食い違いである。市区町村からは児童相談所がなかなか送致を認めず、もう少し見守りを継続することや証拠を集めるように指示されることが多いとの不満が聞かれる。送致基準の具体的あてはめについて刷り合わせの協議が必要である。

ウ　調査（要綱4（2）③4頁）

ア 相談　イ 受理　ウ 調査　エ アセス　オ 計画　カ 指導　キ 記録　ク 集結

	要件	具体例
特に意識が必要なこと	①子どもの安全に関する緊急度やリスク判断 ②支援のためのニーズ把握	・緊急・リスクの判断を正確かつ迅速に行う体制ができているか。誰がどのようにして初動リスク判定をなし得るのか ・子ども（特定妊婦含む）自身の現在の状況を正確に把握し、子どもが真に求めているニーズを探り、総合的な支援に結び付けることができるか ・傷あざの確認・現認は必ず行うとともにネグレクトや心理虐待さらに性的虐待の徴候をどれだけ拾えるか ・特定妊婦の場合、家族の意向確認や医療機関との連携
関係機関に協力依頼	○関係機関等に協力を求め、家庭の生活状況や得られた情報に関する事実把握	・どの関係機関に調査をかけるか ・どのような情報を得ることができるか ・地域資源に積極的アクセスができているか
多角的な情報収集	○子ども・保護者の状況、親子関係等の家庭環境、家庭とその支援体制の状況及び地域との関係等に関する情報、現状に至る経緯の把握等の調査	・左記に掲げられている事項は、見立てを行うために必要な最低限収集すべき情報であり、誰でもが収集できるようになっているか ・情報共有シートの項目としてチームで共有されているか ・子どもと親の関係性のみならず、関係機関の職員と子ども・親の関係性も把握する。対象ケースにとっての支援のキーパーソンを把握する（文京区）

（更なるグレードアップ）

［関係機関に協力依頼］「要支援児童等の情報に係る保健・医療・福祉・教育等の連携の一層の推進について」（雇児総発1216第2号）の別紙情報提供通知による情報収集を要対協に依頼することの検討が必要（静岡県）

①関係機関からの基礎的情報は定期・不定期に入ってくるようにしておく。

②令和元年児童福祉法改正により、法25条の3が改正され、関係機関に調査回答義務が認められたことに留意して積極的情報連携を図っていく。

エ　アセスメント（要綱4（2）③4頁）

ア相談　イ受理　ウ調査　**エアセス**　オ計画　カ指導　キ記録　ク集結

※入口の危険判断時から支援の途中のどの段階でも、何度も行うものである。

	要件	具体例
理念・方針	○調査情報を基に、家庭、子ども、保護者、妊婦、親子関係、地域との関係及び支援の状況等の評価を行うこと	・評価を行うためには事実の収集が前提となる ・調査で収集した事実に漏れがないか、その事実の整理をまず行う ・評価の基準がチームで共有されているか
緊急度評価・ニーズ把握・多角的アセス	○子どもの心身の安全に関する緊急度とリスク及び子どもと家庭のニーズを的確に把握することはその後の対応に重要であり、支援計画の作成に資する総合的かつ複数の職員による多角的なアセスメントを行うこと	・個人でなく複数で協議がされているか ・事実の評価、専門的知見を踏まえての評価となっているか（場合によって、医師、心理士、弁護士等の助言等が得られる体制になっているか） ・直ちに保護（介入）しなければならないのか、継続的支援を行っていく案件かの判断ができるか

情報共有	○必要に応じて、地域協議会の個別ケース検討会議を開催し、情報を共有すること	・必要に応じて、個別ケース検討会議を開催し、情報を共有する ・個別ケース会議は数か月後に再度行い、再度の情報共有とアセスメントの見直しをする ・一回きりの個別ケース会議はあまり意味がない。2回やってこそ意味がある（文京区）

（更なるグレードアップ）

①何のためのアセスメントか（危険判断のためか、継続的支援のためか）。

②情報が入るたびに何度でも変更する。

③支援の種類を決めるために重要なアセスであることを常に意識する。

④［情報共有］「要支援児童等の情報に係る保健・医療・福祉・教育等の連携の一層の推進について」（雇児総発 1216 第 2 号）の別紙、情報提供通知による情報収集を要対協に依頼することを検討しているか（静岡県）。

⑤4 か月半健診では拠点保育士が読み聞かせを行い親子の愛着形成の伝達、不参加者訪問による全数把握へ（加賀市）。

⑥家族力動の変化に気付き、再アセスメントを行うことは必須である（札幌市令和元年死亡事例検証報告書）。

オ　支援計画の作成等（要綱4（2）⑤4頁）

	要件	具体例
理念・方針	○可能な限り子ども、保護者及び妊婦の意見や参加を求め、保護者に左右されずに子どもの意見を聞く配慮が必要である	・子どもの意見を直接誰がどのように聞いたのか ・それは子どもの真意と考えられるのか、検証しているか
子どもの権利を守るための支援計画	○関係機関等との連携を行い、子どもの権利を守るための支援（方針・内容）を具体的に実施していくための支援計画作成	・支援計画のフォーマットを作成しているか ・どんな形式がよいか。随時修正していく ・形式については法的定めはなく自治体の規模による形式でよい ※厚労省「子ども虐待対応の手引き」（平成25年8月改訂版）215頁の「自立支援計画表」の項目等が参考になろう
支援目標設定	○上記アセスメントに基づき、（子どもの今に至ったプロセスを考え、）現状改善のための支援目標を設定	・支援目標は具体的なものか ・誰もがわかる（齟齬がない）形になっているか ・到達点の共有 ・目標までの期間は？ ・短期目標と中長期目標の2通り立てるのが望ましい
危機状況の想定と対応	○支援計画を立てる際に、支援の過程で危機状態に至る可能性があることを常に念頭に置き、子どもの心身の安全が脅かされている、若しくはその可能性が高くなっている時の対応を定めておく必要がある	・子どもの心身の安全が急変・危険となることを念頭に対応しているか ・その対応は誰がいつどのように行うのか決めているか

進行目標管理と見直し	①定期的にケースの変化や支援目標の到達状況を組織的に確認し、支援内容の見直しを行う ②その時期も支援計画に定めておくことが望ましい	・状況に応じた支援内容の見直しのルールを定めているか、ルールが共有されているか ・モニタリングを繰り返し、状況変化に耐えうる柔軟な計画を立てているか ・計画についての情報共有がされているか

（更なるグレードアップ）

①支援については子どもの保護者等の状態に合わせて方向を考え随時変更していく。

②進行目標管理については要綱上3か月に1回程度とされているが、事案を選別して1か月に1回程度行うなどの工夫をする。

③関係機関としての要対協を有効に活用する。

  ③－2

  ・実務者会議等を単なる報告会議にせず、実質的な計画を立てる場にするように多様なスタイルに工夫する。

  ③－3

・例えば、ランク付け、年齢、年代別、地域別の会議を行うことや進捗管理会議と検討会議の開催を分けて行うなどの工夫を行う。要対協の具体的な進行については、参加者の意見を喚起（当事者意識）し、実際の計画が立てられるよう運用する（野田市虐待死事件検証報告書）。

カ　支援及び指導等（なお、例外的パターンである「指導措置委託」（カ´ 参照））
（要綱4（2）⑥5頁）

> ア 相談　イ 受理　ウ 調査　エ アセス　オ 計画　**カ 指導**　キ 記録　ク 集結

	要件	具体例
理念・方針	○支援計画に基づき、子ども、保護者、家族、周囲を含めた社会への支援（妊産婦の場合も、妊産婦本人・家族・周囲への支援）を行う	・本人だけでなく周囲への支援を忘れずに行っているか ・そのためのジェノグラムや関係者関係図等を作成しているか
方法	○電話、面接等の適切な方法による助言指導や継続的な支援、関係機関と役割分担して行う支援、通所、訪問等の方法による継続的な養育支援やカウンセリング、ソーシャルワーク等	・要件のとおり子どもや家庭のニーズに合わせた支援方法を選択しているか ・ニーズの優先順位等を見立てているか
支援に利用できる種類	①種類の把握 ②地域資源の活用・調整	・行政の様々なサービスや地域の資源の活用 ・例えば、在宅支援サービスとしての養育支援訪問事業、ショートスティ事業、保育所、認定こども園等の一時預かり事業、子育て援助活動支援事業としてのファミリー・サポート・センター事業など、地域子育て支援拠点事業等の提供 ・障害児・者施策、生活困窮者施策、ひとり親支援施策等のサービスの活用・その他社会資源の活用 ・産前・産後サポート事業、産後ケア事業、法務少年サポートセンター、こども食堂等つなげる事業や機関・団体を熟知し提供できているか

		・表にして一覧にして手交するなどの工夫をしているか ・よい支援がなければつくる！ ・支援につなげるまでの支援が大切
情報の記録（後述キ）	○支援経過や関係機関間の情報のやり取りの記録作成、管理・保管	・継続的かつ効果的支援のために記録をとっているか（形式は問わない）
児童相談所と連携しての家庭復帰支援	○施設入所等児童の家庭復帰支援の連携対応	・家庭復帰後の地域資源を組み合わせての支援継続のために児童相談所から情報を入手し、協議を行い連携してコーディネートできているか ※児童相談所に求めることでもある

（更なるグレードアップ）

①地域のどこに問い合わせればよいのかガイドブックの作成や活用。

②支援の流れの確認の重要性。

③児童相談所が地域との年月日の事前調整なく一方的に家庭復帰を決めてしまうとの不満が市区町村側から挙げられる。支援拠点の見立てを伝えて、子どものための環境を地域関係機関で整えるために、家庭復帰の時期等を調整交渉できることが望ましい。それだけの見立て力を拠点で磨けていけるとよい。

④また、見立ての違いは速やかに文書を作成して両機関が共有するとよい。

⑤動機付け面接等を利用し、養育者が望ましい行動変容を実現できるような、効果的な面接・支援が実施できているか（後述研修修得参照）。

（付記）

　市区町村側にとっては、現行法の下では、例外的パターンとしての「指導措置委託」については次頁で説明する。

カ´　指導措置委託パターン

［都道府県（児童相談所）の指導措置について委託を受けて対応するもの］

	要件	具体例
理念の確認	○都道府県（児童相談所）の措置という行政処分を背景に市区町村（支援拠点）が行う在宅での継続的な寄り添い支援（市町村指導）	・指導委託は、児童相談所と市区町村の役割が交錯する制度であり、詳細な事前の取り決めが不可欠であること、及び状況変化に対しては直ちに協議を行うことについて、双方が十分な取り決めと納得をして行う必要があり、その点の協議が事前に行われているか ・子ども及び保護者等との間に市区町村が指導委託を行うことについて、十分な理解がなされていることや市区町村との間に信頼関係が築かれているのかについて、その見立て評価が事前になされているか
留意事項	①児童福祉司指導という枠組みの中での委託。家庭を訪問し、家事援助等の支援や通所支援等の指導を実施する。児童相談所との情報共有・役割を明確にした協働支援計画作成・共有 ②頻回な児童相談所との情報共有による有効性の判断を行う ③当該支援等の趣旨徹底を図るために児童相談所が当該家庭に対して当該措置に関する理解を促す対応を行うよう児童相談所と協議 ④児童相談所の介入的な対応と並行して市区町村による支援等を行う ⑤当該措置の解除又は変更に当たっては、事前に都道府県（児童相談所）と市区町村（支援拠点）とが十分協議を行う	

（更なるグレードアップ）

①指導措置委託については、市区町村側にも難しい舵取りが求められる。児童相談所に適宜状況を伝え、場合によっては措置解除・変更を働きかける、積極的見立てを伝えることが必要である。

②課題：現在ヒアリングを行っていると、児相と市との間での指導措置委託の利用についてのコンセンサス（協議・合意）が十分なされていない状況が露顕する。

③いくつかの自治体からは指導措置委託（と思われる案件）が一方的に基礎自治体に委ねられるとの不満・不安があげられる。またある自治体では逆に全く指導措置委託についての依頼（意見交換）はないとの声も聞かれる。協議が必要である。

（２）要支援児童及び要保護児童等並びに特定妊婦等への支援業務

児童相談所における市町村への指導委託に関する取組事例

【市町村への指導委託】(児童福祉法(昭和22年法律第164号)第26条第1項第2号及び第27条第1項第2号)
・ 子どもや保護者の置かれた状況、地理的要件や過去の相談経緯等から、子どもの身近な場所において、子育て支援事業を活用するなどして、継続的に寄り添った支援が適当と考えられる事例に対し、児童相談所が行政処分としての指導措置を市町村に委託し、市町村が子どもや保護者等の家庭を訪問し、あるいは必要に応じ通所させる等の方法により行う。(児童相談所運営指針(平成2年3月5日付け局長通知)138ページ)

事例①（養育支援訪問事業の活用等）
・ 生後間もなく、母の精神疾患による体調不良から児童を一時保護。母は育児不安を抱え、親族の養育支援も得られない状況。
・ 児童相談所は、一時保護終了後、市町村の養育支援訪問事業の活用が必要と判断し、その旨を市町村に通知するとともに、市町村への指導委託を行うこととした。
・ 養育支援訪問事業の活用による市町村の関わりで育児不安について改善が見られたことから、引き続き、市町村による支援や、保育所の利用による見守りの体制を確保することを確認した上、当該事案の市町村送致を行った。

事例②（保育所による見守り等）
・ 児童相談所が泣き声通告を受理。母の就労状況が安定しないことや、母と同居する親族との関係が悪化していることを踏まえ、養育環境が整うまでの間、施設入所措置を実施。
・ 養育環境が改善されたことを確認するとともに、保育所への入所が決定したことから、施設入所措置を解除した後の対応については、保育所による見守りや、市町村による家庭訪問等による支援が適当と判断し、市町村への指導委託を行った。

事例③（市町村職員による医療機関への同行支援等）
・ 児童相談所が警察からの通告を受理。面前ＤＶや、十分な食事を与えていないというネグレクトの疑い、母の喫煙により喘息を抱える児童の体調悪化が見られたほか、父の精神的不調のため、在宅での指導を実施。
・ 指導内容の多くが医療や母子保健に関するものであったことから、市町村への指導委託を行うこととし、児童相談所と市町村が共同で面接を実施するほか、父が医療機関を受診する際に市町村職員が同行すること等により、養育環境の改善が見られたことから、当該事案の市町村送致を行った。

「厚生労働省令和２年度全国児童福祉主管課長・児童相談所長会議資料（９月30日掲載）」382頁より。（https://www.mhlw.go.jp/content/11900000/000677535.pdf）

キ　児童記録票の作成（要綱4（2）⑦ 6頁）

ア 相談　イ 受理　ウ 調査　エ アセス　オ 計画　カ 指導　キ 記録　ク 集結

	要件	具体例
理念	○支援拠点として適切な対応を行うため、ケースの概要や支援過程を明らかにしておくこと	・担当者の不在時の対応や異動の場合に対処できるようにケースの概要や支援過程が理解できるようになっているか
子ども単位	○世帯ごとではなく相談を受理した子どもごとに児童記録票を作成し、管理・保管	・子どもごとに児童記録票を作成し、管理・保管しているか
妊婦	○出生後に支援の必要が見込まれる場合は、受理段階で児童記録票を作成し、妊婦自身に関する記録を残し、子どもが出生した段階で子どもに関する記録を加えること	・受理段階で児童記録票を作成し、妊婦自身に関する記録を残しているか ・特別養子縁組制度の利用についても、出産（出生）に関する支援の1つとして、妊婦に提示すること ・その場合は、とくに、相談の経過について丁寧に記録する必要がある（静岡県）

（更なるグレードアップ）

①児童記録票に支援計画をつけておく。

②再発や次世代への連携の可能性があることから、電子データからは削除しない（妙高市）。

③案件によっては世帯ごとなど工夫してもよいのではないか（妙高市）。

④施設に入居している児童についての扱いについて、児童相談所等と確認する。

［論点］記録の記載と個人情報開示の関係についてこの分野に詳しい法務担当・弁護士と相談して整理しておく。

　常に客観的で簡潔な記載のみを推奨すると、チームでのカンファレンスや見立てに支障が生ずる。記録は詳細につける。個人的又は主観的気付きの記載も重要である。

ク　支援の終結（要綱4（2）⑧6頁）

ア 相談　イ 受理　ウ 調査　エ アセス　オ 計画　カ 指導　キ 記録　ク 集結

	要件	具体例
記録と理由明記	○理由を明確にし、記録に残しておく（日時、構成員、終結理由・根拠等）	・終結の場合の理由は明確に記載する ・不安材料が全くないことはありえないのであり、他の機関等につながることや再度関わることもあることからすれば、課題や懸念事項についても記載しておく ・記録の保存年限は長期とするのが望ましい
情報共有と合意形成	○関係機関には、終結の方針決定前に、担当者間で遅延なく連絡・協議する	・要保護児童対策地域協議会、関係者間の情報共有会議において、漏れなく報告する ・終結後の事後連絡ではなく、事前に協議を行う ・地域や機関の力に合った支援の限界を協議し、お互いの認識をあわせておく

（更なるグレードアップ）

①なぜ終結なのか、個人ではなく組織として説明できるか、決定についての情報共有徹底の仕組みがあるか。

②他の機関に引き継いだのであれば、受け手の認識との齟齬がないよう確認しているか。

③再支援の場合が明確になっているか（野田市検証報告書）。

④終結したら支援者には関わる機関が全くなくなるのか、情報を得る機関や機会があるか確認しておく（札幌市検証報告書）。

（3）関係機関との連絡調整（要綱4（4）7頁）

　関係機関との連絡調整（ア：要対協の活用・イ：児相との連携・協働・ウ：他の関係機関等との連携）に関しては、2章3支援拠点を開設する場合の関係機関の項目24頁以下でそれぞれ

(1) 包括支援センター（利用者支援事業（母子保健型））との関係　　24頁
(2) 要保護児童対策地域協議会の活用　　　　　　　　　　　　　　31頁
(3) 児童相談所との連携、協働　　　　　　　　　　　　　　　　　39頁
(4) 教育部門との関係（ガイドライン第5章第3節学校、教育委員会等との関係）　　　　　　　　　　　　　　　　　　　　　　　　　44頁
(5) 家庭児童相談室との関係　　　　　　　　　　　　　　　　　　47頁
(6) DV担当、医療機関、警察、児童家庭支援センター、地域子育て支援団体その他関係機関との連携　　　　　　　　　　　　　　　48頁

として詳述解説をしているので、当該頁を参照。

	（4）その他の必要な支援（要綱4（4）7頁）

	要件	具体例
①里親支援等	○里親、養子縁組里親の家庭や養子縁組家庭が、地域において社会的につながりを持ち、孤立しないために、支援拠点は、地域の社会資源の活用や、役所の手続が円滑に進むよう、児童相談所や関係機関と連携して必要な支援を行う	・児童相談所から積極的に情報をもらい、地域での里親支援につなげる
②措置解除後のアフターケア	①新しい環境への不安除去 ②児相から支援拠点への情報提供を求める ③子どもからの相談や定期的な訪問等	・一時保護中の詳細な判定結果等を拠点に渡す ・定期的な相談・訪問等を行っている
③非行相談	①行動特性のアセスメント ②子どもの生活関係のある場や機関との協働による孤立化防止のための支援	・支援のための関係機関からの情報を求める ・連携機関をより多く見つける ・環境を整える
留意事項	①措置解除前の重要事項の確認 ②解除前に児童相談所と支援拠点並びに関係機関とで個別ケース検討会議を開催する必要がある	・個別ケース検討会議を事前に開催 ・必要な関係機関をみんな集めている ・個別ケース会議で具体的役割分担を決めている

（更なるグレードアップ）

①支援拠点は、児童相談所が、解除前に支援拠点に十分な情報を提供しない場

合、家庭復帰について協議を怠る場合には、児童相談所に対して情報を積極的に求めていくことが必要となる。

②非行は家庭環境や虐待との因果関係に着目し、受理した種別にとらわれず総合的なアセスメントを丁寧に実施する。より効果の高い低年齢時からの対応が望ましい。

③子ども対応の経験値が高い施設との連携は、支援拠点にとって強力なパートナーとなっている（中津市・児童家庭支援センターを運営する社会福祉法人清浄園との連携例）。

④里親が社会的責任を感じ、頑張りすぎてしまう例は多い。里親のレスパイトや里親が育児相談ができるような里親同士の集まり・研修・ワークショップなど里親支援チームを地域で立ち上げている例（一般社団法人グローハッピー）。

［論点］現状市区町村としては、里親支援に関しては啓発が主である。住民と常に接している市区町村に委ねるべきものは委ねる。また市区町村と丁寧な協議を行いながら里親支援を行っていくべきである。

［参考］

　表中の「②措置解除後のアフターケア」に関して、一般社団法人グローハッピー代表の齋藤直巨氏ほか多くの里親から意見を寄せてもらった。参考に付記しておく。

　（ア）措置解除について、里親、里子の両者に理由を明確に伝えることが必要である。措置解除とは、「親としての最大の否定・ダメ出し」となってしまう。そのため、「自分にはできない」と受け止め、里親を辞めてしまう人が殆どである。里親を潰してしまう経験となる。相性や子どものニーズにあっていない環境など、様々要因があって措置解除は起こる。いわゆる「ダメな里親」というラベリングがされるのではなく、その里親が次の養育の際に抱えやすい課題をみつけ、足りなかったスキルの習得を目指すきっかけと考えることが必要である。

　（イ）また、措置解除は喪失体験なので、子ども、里親ともにグリーフケアが

必要である。特に、子どもにとっては「自分には価値がないから再度手放されたのだ」という感覚の再体験となる。里親にとっては「ダメな親だからあきらめざるを得なかった」という体験になるので、解除の理由などを丁寧に伝え、心のケアが不可欠である。

　（ウ）措置解除後の対応としても、児童相談所が一律につながりを切るのではなく、子どもと養育者が心的につながり続けられるような（養育者が里子を大切思っていた旨のメッセージの伝達や手紙等の手交などの）支援が必要である。真の意味でのパーマネンシーとは、育ちを支えてくれた養育者とのつながりも続けられることである。

4

設置形態及び職員配置等

　要綱で示している類型設置形態及び職員配置に関しては、1章2支援拠点に関して（20頁）で解説したが再掲するとともに、報告書掲載に協力してもらった自治体を紹介しておく。

（1）類型及び配置人員等

		人口規模	子ども家庭支援員 （1名非常勤可）	心理担当支援員 （非常勤可）	虐待対応専門員 （非常勤可）	合　計
小規模型	小規模A型	児童人口概ね0.9万人未満（人口約5.6万人未満）	常時2名	—	—	常時2名
	小規模B型	児童人口概ね0.9万人以上1.8万人未満（人口約5.6万人以上約11.3万人未満）	常時2名	—	常時1名	常時3名
	小規模C型	児童人口概ね1.8万人以上2.7万人未満（人口約11.3万人以上約17万人未満）	常時2名	—	常時2名	常時4名
中規模型		児童人口概ね2.7万人以上7.2万人未満（人口約17万人以上約45万人未満）	常時3名可	常時1名	常時2名	常時6名
大規模型		児童人口概ね7.2万人以上（人口約45万人以上）	常時5名	常時2名	常時4名	常時11名

（2）報告書記載自治体紹介

規模	令和元年度報告書
小規模 A	安平町、三沢市、遠野市、涌谷町、大和町、飯豊町、庄内町、上山市、小野町、境町、矢板市、みどり市、富岡市、南房総市、葉山町、滑川市、白川町、北方町、能勢町、熊取町、河南町、三宅町、葛城市、桜井市、有田川町、倉吉市、邑南町、備前市、善通寺市、さぬき市、伊予市、香南市、いの町、玉東町、串間市
小規模 B	筑西市、伊那市、池田市、藤井寺市、摂津地、津山市、総社市、小郡市、宗像市、中津市
小規模 C	大崎市、立川市、相模原市、海老名市、焼津市、藤枝市、磐田市、門真市、三田市、岩国市、丸亀市、宜野湾市
中規模	盛岡市、秋田市、郡山市、水戸市、松戸市、柏市、文京区、葛飾区、相模原市、厚木市、上越市、富山市、甲府市、寝屋川市、明石市、鳥取市、松江市、東広島市、高松市、那覇市
大規模	宇都宮市、船橋市、大田区、姫路市、倉敷市、松山市、北九州市

規模	平成 29 年度報告書	平成 30 年度報告書
小規模 A	熱海市、玉野市、南房総市	杵築市、南風原町、香南市、いの町、三沢市、涌谷町、伊予市、田村市、三宅村、妙高市
小規模 B	加賀市、総社市、千歳市、宗像市、山口市	神戸市、越前市、中津市、袋井市
小規模 C	岩国市、大村市	焼津市、米子市、神戸市、相模原市、彦根市、海老名市、藤枝市
中規模	明石市、豊橋市、枚方市、松戸市、港区	那覇市、福井市、鳥取市、福島市、松江市、旭川市、奈良市、神戸市、相模原市、富士市、東広島市
大規模	豊田市、船橋市	松山市、大分市

＊なお、ヒアリング当時の組織体制を前提にしている
＊政令市において行政区毎に置かれる例が多い

(3) 主な職員（要綱6（1）9頁）

ア　職員体制のあり方

　支援拠点設置に関しては、自治体が常勤職員配置を確実にできるように国としては財政手当をしている。自治体がこの支援拠点に国の方針に則り職員配置を行っているかが問われている。

　地方交付税制度研究会『地方交付税制度解説（単位費用編）平成31年度』（地方税務協会）188頁、第二款社会福祉費第二項標準団体行政経費積算内容（細目）2児童福祉費（細目）（1）児童福祉共通費中「給与費」の項目の「積算内容」が「職員4人」であった記述が、同『地方交付税制度解説（単位費用編）令和元年度』190頁の「積算内容」においては、「**職員数6人（子ども家庭総合支援拠点職員、要保護児童対策地域協議会調整担当者含む。）**」というように積算が積み上げられ、かつ、明確に子ども家庭総合支援拠点職員と要保護児童対策地域協議会調整担当者が、配置すべき職員として明記されている。

　自治体としては、国の財政的援助を求める声が多くあげられるが、国としては、常勤職員配置を進める手当をしていること、自治体の姿勢が問われていることを認識し、人的配置の拡充が必要である。

イ　三専門職種＋二職種を想定

　支援拠点には、原則として、**1子ども家庭支援員**、**2心理担当支援員**、**3虐待対応専門員**の職務を行う職員を置くものとし、必要に応じて、**4安全確認対応職員**、**5事務処理対応職員**（※）を置くことができる。

　※［自治体の工夫ポイント～事務処理対応職員との関係］
　・支援拠点としての機能が十分発揮されるためには事務処理対応職員の配置が重要であることは多くの自治体からあげられる声であり、拠点

　の事務仕事と純粋相談対応とを分けてうまく機能している（三宅村）。

・相談が親の昼休み休憩中や仕事終了後の夕方の時間帯に多いことから
　システム入力等は事務職員に任せるなどの工夫（加賀市）。

・事務職員が自治体の他課のサービスなどを熟知しており、チーム力を
　上げている（中津市）（⑤）。

(参考) 調査・補助金等（厚労省）

① 平成 29 年度市町村虐待対応担当窓口等の状況調査によれば、設置
運営要綱の基準を満たす支援拠点（66 市町村 67 か所）において心理
担当支援員は 55 人配置されており、常勤職員が 28 人（50.9％）、非
常勤職員が 27 人（49.1％）。

② 児童虐待・DV 対策等総合支援事業費国庫補助金における市区町
村子ども家庭総合支援拠点運営事業の基礎単価の中で、心理担当支援
員を含む主な職員の人件費等を補助しているほか、支援拠点の子ども
家庭支援員のうち、常勤配置を必須としている職員の人件費は地方交
付税措置済み。

③ また、令和元年度より子ども家庭総合支援拠点の設置を促進する
ため、これまでの運営費及び改修費等の補助に加え、開設準備経費へ
の補助創設。土日・夜間の運営費などの補助を創設。

（4）主な職務、資格等（要綱6（2）9頁）

　職員[1]のそれぞれの主な職務、資格等については、次のとおりで詳細は設置要綱に定めるとおりである。

①子ども家庭支援員（資格）

　社会福祉士、精神保健福祉士、医師、保健師、保育士等（要綱別表の1参照）

　なお、当分の間、厚生労働大臣が定める基準に適合する研修※を受けた者も認める。　　　　　　　　　※ここにいう研修には児童福祉司任用前講習会等を含む

② 心理担当支援員

　大学や大学院において、心理学を専修する学科又はこれに相当する課程を修めて卒業した者等

　　(ア)　心理担当支援員の確保

　　　　この点、多くの自治体から悩みが寄せられる。これに対して、県での説明会やワークを行う中で出た意見等を記載しておく。

　　　　例えば、自治体が心理学部を有する大学等と連携（訪問等）をすることで継続的に自治体へのルートができてくるのではないか（福島県）、また心理専攻学生を自治体で研修で積極的に受け入れることが有効ではないか（福島県）との意見。採用を児童虐待部門と狭く募集するのではなく、子どもの心の発達等による枠組みでの採用をすることで、幅広い心理専門職を確保することができるのではないか（静岡県）との意見があげられた。今後の課題・要望として、支援拠点と児相における心理担当（支援員）との仕事の相違を国が明確に示すこと又は心理担当支援員必置を法定すべきとの意見（複数政令市）や心理職の

1　①～③再任用職員の活用（妙高市）

給与面等の待遇改善が必要との意見（複数自治体）が挙げられた。

(イ)　心理担当支援員の拠点における働き方

　　　この点については、自治体により求めるものが様々である。例えば、支援拠点は、児相とは異なるのであるから、心理担当支援員を募集する時から、ケースワークを行ってもらうことを明記し募集をかけており、実際に拠点での日々の仕事においては、心理的見立ても出来つつケースワークを行ってもらっておりうまく行っている（松戸市）との報告がある。一方で心理職のバックグランドはケースワークではないので、想像していた仕事に矛盾を感じてやめてしまう例も他の自治体で報告されている。組織内で心理職が一人しかいないことの不安から応募できないとの声もあった。

(ウ)　提言

　　　支援拠点に心理職がいることで、ケースの見立ての幅と深みがでて、それが子どもの命を守ることにつながったとの複数の自治体からの感想が聞かれる。支援拠点と児相の見立て合わせやスムーズな連携のためにも心理職の配置は不可欠であると考える。ただし、自治体によって地域資源や拠点の現時点での力量に差がある中で、心理担当に求めるものはおのずと異なってくるのであり、自らの自治体拠点における凸凹を分析したうえで心理担当職に求めることを明記して募集及び実際の日常の仕事の仕方について協議を重ねる必要があろう。

　　　また、一自治体において一人しか心理職がいない場合等の能力のレベルアップをどうするのかという課題に対して、基本的には、当該自治体がどのようにバックアップできるのかを提示できるのが原則とはなろうが、都道府県（国）の研修やアドバイスを受けられる制度等を構築することが望まれよう。地域の専門職の協会との連携の方法もあろう。なお、近隣自治体で心理職が横の連携を作って勉強会や相談をしあう場を設け、緊急

時に相談をしあったり、レベルを高めあったりしている例もある。参考となる取組である。

③ 虐待対応専門員

社会福祉士、精神保健福祉士、医師、保健師等（要綱別表の２参照）。

なお、当分の間、厚生労働大臣が定める基準に適合する研修を受けた者も認めることとする。

（5）上記職員確保のための具体策（人材育成含む）

※子発 1221 第 7 号・平成 30 年 12 月 21 日付厚労省子ども家庭局長通知「「児童虐待防止対策体制総合強化プラン」（新プラン）に係る 2019 年度予算案及び地方財政措置について」の各種メニュー参照

ア　「厚生労働大臣が定める基準に適合する研修」の増加

　　※児童福祉司任用前講習会

　　【ポイント】　都道府県による積極的な児童福祉司任用前研修等の実施

　→市町職員の積極的参加働きかけが必要！

　　［課題］どこでやるか？いつやるか？連続でやるか？

イ　専門職の獲得が難しいことを前提に、工夫している自治体の例

　⑺　事務職等に対して、保育士資格取得を勧奨（補助）する自治体

　⑻　実務経験が少ない有資格者や、教員など多職種の有資格者などに対し保育士資格取得を促し、幅広い人材の確保に努める（山口市）

ウ　要綱に定められている「子ども家庭支援員」「虐待対応専門員」の資格等該当者を人事課が抽出して、支援拠点となる子ども部門に異動させるなどを行い要件充足の工夫を行っている例

　　教員資格者、保健師、看護師、保育士その他資格者等の抽出（南房総市、大村市、焼津市、山口市）

　　［具体例］

　　上記のうち、山口市は積極的に「保育士資格応援講座」や「保育士再チャレンジ講座」を開催し、保育士育成をしている。

エ　人事ローテーションの工夫

　　包括支援センターと支援拠点との間の人事異動（中津市・涌谷町）、保育園との間の人事異動（文京区）、教育委員会との間の人事異動（焼津市）

「児童虐待防止対策研修事業（要保護児童対策地域協議会調整機関調整担当者研修）」のほか、次の①〜④について、2019年度予算で盛り込まれた項目。

①児童虐待防止対策研修事業（市町村向け研修会）【拡充】子ども家庭総合支援拠点の設置促進や市町村職員の専門性の向上を図ることを目的とし、都道府県が実施する市町村向け研修会について、実施回数の増加を図るため、補助単価を拡充。（補助単価：年4回分→年12回分）【補助基準額（案）】1か所当たり1,511千円

②市区町村子ども家庭総合支援拠点運営事業〈運営費補助〉【拡充】○子ども家庭総合支援拠点の子ども家庭支援員のうち、常勤配置を必須としている職員の人件費は地方交付税措置済み。その他の子ども家庭総合支援拠点の運営に必要な費用として、非常勤職員の人件費等を補助。【補助基準額（案）】（直営の場合）小規模A型（児童人口概ね0.9万人未満）：3,725千円小規模B型（児童人口概ね0.9万人以上1.8万人未満）：9,502千円小規模C型（児童人口概ね1.8万人以上2.7万人未満）：15,781千円中規模型（児童人口概ね2.7万人以上7.2万人未満）：21,053千円大規模型（児童人口概ね7.2万人以上）：39,057千円○上記に加え、子ども家庭総合支援拠点において、法的・医学的な知見を踏まえた対応ができるよう弁護士や医師等の嘱託費用の補助を創設。【補助基準額（案）】1か所当たり360千円〈開設準備経費〉【新規】子ども家庭総合支援拠点の開設に必要な改修費や開設準備期間における非常勤職員の人件費を補助。【補助基準額（案）】1か所当たり7,678千円

③虐待・思春期問題情報研修センター事業【再掲・拡充】児童相談所、市町村、児童福祉施設などの虐待問題等対応機関職員の研修等を実施する研修センターについて、子どもの虹情報研修センター（横浜市）に加え、西日本においても研修を実施する拠点を設けることができるよう、虐待・思春期問題情報研修センター事業を拡充。【実施主体】西日本で事業を適切に実施することができる自治体【補助基準額（案）】72,944千円【補助率】定額

④子どもを守る地域ネットワーク機能強化事業調整機関の職員や要保護児童対策地域協議会の構成員の専門性の向上を図るための研修受講費用等を補助。【補助基準額（案）】・調整機関職員の専門性強化を図るための取組（受講人数×80千円）・地域ネットワーク構成員の専門性向上を図る取組（1市町村当たり660千円）
また、子ども家庭総合支援拠点の立ち上げに当たって、学識経験者等のアドバイザーが自治体に赴き、立ち上げ支援マニュアル等を活用した技術的助言を行う取組を開始

（6）運営方法等

地域の実情に応じた多様な運営方法等を工夫することができる。

ア　要保護児童対策地域協議会の活用（前述31頁）

イ　包括支援センター（利用者支援事業（母子保健型））との一体性（前述24頁）

ウ　利用者支援事業（基本型）との関係（前述4つの業務の（1）ウ「相談への対応」に同じ58頁）

一般子育てに関する相談などにも応じ、あらゆるサービスに有機的につないでいく役割を担う。

（更なるグレードアップ）

①「なお、当分の間、厚生労働大臣が定める基準に適合する研修を受けた者も認める」研修について、場所、開催時期、開催期間、開催頻度、講師・内容について市区町村からの改善要望が多く出ている。県によっては複数回、場所を変えて開催している。

②都道府県が、この研修のあり方を工夫し、市町村の人員体制援助をする必要があろう。

③新型コロナ禍を期にリモート型研修への切り替えが推奨される（三重県、長野県、広島県、栃木県、岐阜県、愛知県、北海道等）。

④スーパーバイザー確保の重要性（文京区では、臨床心理資格者確保及びその後精神科医の確保により、ケース対応が全く変わった。職員の負担も減った。中津市では、小児科医が地域の産科医や精神科医へのつなぎの役割を果たしてくれることにより、医療との連携が簡易かつ深まった）。

⑤児童相談所経験者のプラスの例（千歳市ではコーディネーターとして関係機関との交渉等で活躍。職員のよりどころともなる）。

［論点］上記①の研修相当として認定できる研修の種類を多数認める必要があるのではないか。

5

設備・器具

(1) 設備等（標準）

相談室（相談の秘密が守られること）、親子の交流スペース、事務室、その他必要な設備

※一定の独立したスペースの確保が望ましい。ただし、既存設備を活用してもよい。

・相談室と相談室との間の声がもれないよう仕切りを工夫する

・相談者同士が会わないように工夫する（焼津市、三沢市）

・執務室と親子交流スペースとの間のマジックミラー（文京区）

(2) 器具等

記録や文書作成に必要な物品その他器具、調度品等を備えておく。

※文書記録の鍵の係る書庫等への厳重な保管。

※廃棄する際にも、行政文書として適正な手続を経て、処分を行う。

※また、業務効率化のため、コンピューター等のOA機器の設置が望ましく、虐待相談・通告受付票等の相談記録等は電子ファイルとして整理を進めていくことが求められる。

なお実際の設備・器具がどの程度のものかについては、ヒアリング報告書に写真を掲載している（http://suzukihidehiro.com/ 鈴木秀洋研究室）ので参照してほしい。

第 3 章

自治体組織アセスメントと
支援拠点チェックリスト
(確認シート) の提言

1

自治体組織アセスメントシート

支援拠点を設置したといえるかについては、児童福祉法1条の目的、10条の2規定目的に照らして判断されるべきものである。この観点からすれば、支援拠点設置は、自治体組織全体のマネジメントをアセスすることになる。

（1）基本的な考え方

支援拠点設置のためには、相談担当職員がその個別の能力を向上させれば良いものではなく、また子ども担当部局のみが体制を整えれば良いものではない。**自治体の組織マネジメント**が**検証**され、子どもを守るためにどれだけの人的・物的・財政的資源をここに投入するのか、自治体の政策や自治体トップの姿勢・組織作りが問われている。その意味で、支援拠点設置が自治体全体の中でオーソライズされていない組織は、支援拠点設置が子どもを守ることにはつながらない。支援拠点の整備は、全庁内の理解と協力がないとその機能・役割を十分果たし得ないのである。その意味で、支援拠点設置に当たり、**自治体アセスメント**をしておくことが有用である。

全国のアンケート・ヒアリング調査を進めると、「子ども家庭総合支援拠点」設置に当たり、自治体（市区町村）が、自身の組織や業務が、厚労省や都道府県等から示された法規や通知内容を満たしていることで良しとする傾向が少なからず見られた。

児童虐待をはじめ、子育てや子どもの育ちの課題が急増している中、常に市区町村が自身の状況を評価し修正していくことが、これまで以上に求められている。「子ども家庭総合支援拠点」は、"機能の設置"であること

から、なおさら「**自身をアセスメントする**」ことを推進していく意義は大きい。そのようなことから、支援拠点のあり方をアセスメントできるツールがあったら効果的ではないかと考えた。

　このアセスメントシートは、現在の支援拠点を評価する一つの試みのツールである。現在の結果がどうであれ、現状に留まろうとしない自治体の姿勢は高く評価されるものと考える。自身の組織や運営を把握し、改善につなげることを通して、子どもの安心・安全をもたらすことを目的とするものである。

　支援拠点未設置の自治体は、要対協や家庭児童相談室、地域・母子保健部署等のアセスメントとして利用することにも意義があると考える。

　なお、この自治体組織アセスメント（具体例）シートについては、現在筆者と同じく支援拠点アドバイザーを務めている鈴木智（元南房総市小学校校長・子ども家庭支援指導員）氏が策定したシートを筆者が一部修正追記したものである。

（2）自治体組織アセスメント（具体例）

「子ども家庭総合支援拠点」組織アセスメントシート

【記入日】＿＿＿年 ＿＿＿月 ＿＿＿日

　　　　初回・＿＿＿回目（前回：＿＿＿年 ＿＿＿月 ＿＿＿日）

【拠点設置時期】＿＿＿年 ＿＿＿月 ＿＿＿日 （設置から ＿＿＿年 ＿＿＿月）

【記入者】＿＿＿＿＿＿＿＿＿＿＿＿＿＿＿

区分	No.	評価				改善指標	項　　　　　目
		はい	やや	いいえ	不明		
自治体での位置づけ	1						市区町村長は位置づけや意義を理解している
	2						自治体の他部署は認知している
	3						財政部局は位置づけや意義を理解している
	4						市民は存在や機能を認知している
	5						自治体の短期・中・長期計画等を踏まえて設置している
	6						自治体の強みを生かして設置している（強みを理解している）
	7						人事異動は拠点の統括者（責任者）の意向を反映している （※異動年数の長期サイクル要望や新人職員を連続配置しない等）
	8						人事異動は課題解決や業務の向上につながっている
	計	/8	/8	/8	/8		－
	9						拠点設置の根拠やねらいを職員が理解している （※指針や本書は読んでいること等）
	10						拠点が機能の設置であることを職員が理解している （※機能の中身を理解）

拠点の基本状況	11					拠点の目的や運営理念を明確にしている（※チーム全体）
	12					年度ごとのねらいや重点を明確に示している（※チーム全体）
	13					拠点での最終決定・責任者を明確に位置づけている（※他機関との衝突・交渉・連動の成功・失敗含めて）
	14					拠点の強みを明確にしている（※チーム内・庁内組織全体・要対協機関に対して）
	15					拠点の弱みを明確にしている（※チーム内・庁内組織全体・要対協機関に対して）
	16					運営や組織の課題を明確にしている（※チーム内・庁内組織全体・要対協のボトルネックや凸凹部分に関して）
	17					運営について十分に意見交換する仕組みを整備している
	18					業務内容が要対協会議運営の事務業務に偏りすぎていない
	19					短期間で異動する職員数が少ない
	20					必要な専門職を確保している
	21					職員の専門性や特性を踏まえて業務の役割分担をしている
	22					職員の外部研修の機会を確保している
	23					職員の内部研修の機会を確保している
	24					統括者は地域の支援資源の特性を熟知し関係性を維持している
	25					チームとして地域の支援資源の強みを明確に理解している
	26					地域に不足している支援資源をチームとして明確にしている
	27					業務に関して評価や助言を得るアドバイザーがいる
	28					都道府県から必要な指導・助言を受けている
	計	/20	/20	/20	/20	－

区分	No.	評価				改善指標	項目
		はい	やや	いいえ	不明		
日常の運営	29						自治体の強みを生かして運営している
	30						行う業務を具体的に示している（※どこまでできて、何ができないかなど）
	31						会議が情報共有に留まらず、アセスメントと具体的な一歩まで決めている。
	32						個人ではなく組織的な判断や対応体制が機能している
	33						児童の所属機関との情報共有や連携体制が機能している
	34						迅速な報告と対応体制が機能している
	35						早期からの支援に向けた関係機関間の連携が機能している （※どの段階で通告をするかなどが明確になっている）
	36						ケースの支援状況や方針を関係者全員が理解・協議できている
	37						要対協機関を「活用」し、効果的やり取りができている
	38						地域の全ての支援資源と連絡ができる
	39						地域の支援資源を積極的に活用している
	40						閉庁時間帯に機能する対応体制を整備している
	41						子育て包括との連携体制（役割分担）が機能している
	42						子育て包括との情報共有体制が機能している
	43						子育て包括との業務分担が機能している
	44						設置により子ども家庭支援のレベルが上がった
	計	/16	/16	/16	/16		－

改善に向けた仕組み	45					業務や組織を職員間で評価する仕組みを整備している
	46					業務や組織を外部から評価する仕組みを整備している
	47					設置してから組織や運営方法を修正したことがある
	48					1年後の組織の姿を描いている
	49					3年後の組織の姿を描いている
	50					組織改善に向けて助言を得るアドバイザーがいる
	計	/6	/6	/6	/6	－
	計	/50	/50	/50	/50	－	－

2

支援拠点整備確認チェックリスト

1　設置運営要綱の支援拠点の4業務について行っていますか。

(1)　子ども家庭支援全般に係る業務（実情の把握、情報の提供、相談等への対応、総合調整）

① 実情の把握

② 情報の提供

③ 相談等への対応

④ 総合調整

【レベル 1・2・3・4・5】

(2)　要支援児童及び要保護児童等への支援業務（危機判断とその対応、調査、アセスメント、支援計画の作成等、支援及び指導等、都道府県（児童相談所）による指導措置の委託を受けて市区町村が行う指導）

① 相談・通告の受付（危機判断とその対応）

② 受理会議（緊急受理会議）（危機判断とその対応）

③ 調査

④ アセスメント

⑤ 支援計画の作成等

⑥ 支援及び指導等

⑦ 都道府県（児童相談所）による指導措置の委託を受けて市区町村が行う指導

【レベル 1・2・3・4・5】

⑶　関係機関との連絡調整（要保護児童対策地域協議会、児童相談所、各種機関・団体等との連携）

　① 要保護児童対策地域協議会の活用
　② 児童相談所との連携
　③ 各種機関・団体等との連携
　　　　　　　　【レベル 1・2・3・4・5】

⑷　その他の必要な支援（解除前の関係機関との個別ケース検討会議の開催等、子どもや家族の定期訪問等、里親への支援等）

　① 解除前の関係機関との個別ケース検討会議を必ず開催する等
　② 子どもや家族の定期訪問等
　③ 里親への支援等
　　　　　　　　【レベル 1・2・3・4・5】

2　支援拠点が自治体の要綱等で明記されていますか。
　　　　　　　　　→ （例）要綱、要領、処務規程、その他

　　　　　　　　【レベル 1・2・3・4・5】

3　保健部門と子ども福祉部門との一体性・連携はできていますか。

　　　　　　　　【レベル 1・2・3・4・5】

　（例）① ハード面　同一建物・同一窓口
　　　　② ソフト面　指揮命令系統の統一
　　　　③ 情報面　情報共有の定式化
　　　　　　　→ （例）［月に2回以上のケース会議・ケース共有する定めあり］
　　　　　　　　　　　［虐待担当が保健部門の情報を見ることができる］など

4　人員配置基準の要件を充たしていますか。

【レベル1・2・3・4・5】

⑴　児童人口に応じて配置【小規模A型・小規模B型・小規模C型・中規模型・大規模型】

⑵　人員配置基準

		子ども家庭支援員	心理担当支援員	虐待対応専門員	合　計
小規模型					
	小規模A型	常時2名（1名は非常勤可）	―	―	常時2名
	小規模B型	常時2名（1名は非常勤可）	―	常時1名（非常勤可）	常時3名
	小規模C型	常時2名（1名は非常勤可）	―	常時2名（非常勤可）	常時4名
中規模型		常時3名（1名は非常勤可）	常時1名（非常勤可）	常時2名（非常勤可）	常時6名
大規模型		常時5名（1名は非常勤可）	常時2名（非常勤可）	常時4名（非常勤可）	常時11名

5　業務遂行基準（1の⑴〜⑷の業務について）の確認

⑴　児童相談所との間のケースの見立ての食い違いが起こらないような見立て評価シートの共有がなされている。　　　【レベル1・2・3・4・5】

⑵　一時保護処分をすべきかどうかの判断ができる（すなわち児童相談所の権限行使前までの活動ができる。拠点が手放す事案の見立てができる）　　　　　　　　　　　　　　　　　　　　　【レベル1・2・3・4・5】

⑶　要対協（地域資源）を使って、適宜関係機関間の役割分担を決めることができる。　　　　　　　　　　　　　　　【レベル1・2・3・4・5】

⑷　設備（相談室・親子交流スペース・事務室等）・器具（記録等を厳重保管できるもの等）の整備　　　　　　　　　【レベル1・2・3・4・5】

第4章

支援拠点設置のための
都道府県の取組例

県の取組として先進的な2つの自治体を紹介する。

1

静岡県の取組

静岡県は、研修の手法を全体からグループごと、集合研修からアウトリーチという形で自治体の規模と要望に応じて、より進化させた形で研修の工夫をし続けている。

（1）平成30年度研修会について

ア　研修概要

○主催：静岡県健康福祉部こども未来局こども家庭課

○実施日・会場：

　東部地区：2月5日（火）　プラサヴェルデ（静岡県沼津市）

　中部地区：2月7日（木）　静岡県男女共同参画センターあざれあ（静岡県静岡市）

　西部地区：2月13日（水）静岡県浜松総合庁舎（静岡県浜松市）

○研修参加者：合計68人

（県内外市町職員、児童相談所職員、健康福祉センター職員、本庁職員）

○研修内容：

（1）グループワーク①（本日の研修会で学びたいことを共有するワーク）　20分

（2）「市区町村子ども総合支援拠点」について講義　70分

（3）既設置市の取組紹介、質疑応答　60分

(4)　グループワーク②（拠点を設置、運営することをイメージするワーク）　120分

(5)　補助金制度説明　40分

イ　研修開催に至る経緯

　平成30年11月現在、静岡県内の市区町村子ども家庭総合支援拠点（以下「拠点」という）は、6市に留まっていた。

　市町職員からは、「そもそも拠点が何かよくわからない」「今と何が変わるのか」という声が多く聞かれていた。

　まずは「拠点」として求められる役割、具体的な運営方法について理解を深める機会が必要と考え、「拠点」の設置促進及び市町の相談支援体制の一層の充実を図ることを目的に研修を開催することとした。

ウ　研修企画における狙いと実際の効果

　研修には、「拠点」の運営に携わる職員だけでなく、設置に携わる職員（課長クラス）の参加を呼びかけた。

　　→効果）多くの市町が、複数の職員（管理職と一般職員等）で参加。
　　　　　自分の自治体の強み・弱みについて議論し、今後に向けた材料として持ち帰ることができていた。

　多くの市町職員に参加していただけるよう、県内3か所で実施した。参加者が主体的に研修に参加し、積極的に意見交換ができる規模（20〜30人規模）であることを重視した。

　　→効果）質疑応答、グループ内での意見交換が活発に行われ、参加者全員が発言していた。

　ただ「拠点」について学ぶだけでなく、現在の市町の相談支援体制と結びつけながら、これからのあり方を考えることを目的に、講義＋グループワークで構成した。

　　→効果）拠点を設置した際の自分たちの業務を具体的にイメージし、主体的に考える姿が見られていた。

　県内33市町は財源、人口規模に差があるため、同じ人口規模の自治体

を同じグループに配置した。

　　→効果）自分たちが参考にできそうな取組、拠点を設置・運営してい
　　　く際の困難さをグループ内で議論し、共有することができていた。

　研修の内容、それぞれの意図は、下記表のとおり。研修企画前に、「拠
点」設置に向けて、どのような支援があると有効かを調査し、そのニーズ
に応える内容とした。

研修内容	意図
（1）グループワーク①	研修で学びたいこと、知りたいことを自ら明確にする。
（2）「拠点」についての講義	「拠点」の概論を学ぶ。
（3）既設置市の取組紹介	「拠点」としての業務について、イメージを持つ。先進的な自治体の取組を参考にする。
（4）グループワーク②	「拠点」を設置するための人員配置（採用計画）、設備・機能を具体的に考える。「拠点」として求められる業務について自己採点し、自分の市町の現状を振り返る。今の体制で満たしていること、足りないこと＝改善が必要なことについて考える。グループ内で情報交換し、他市町の取組を参考とする。
（5）補助金制度説明	「拠点」の設置・運営に使える補助金について知る。

エ　ワーク資料

「市区町村子ども家庭総合支援拠点」ワーク資料①

ワーク1　「市区町村子ども家庭総合支援拠点」を設置するとしたら…

＜自分たちの類型は？＞

類型	人口規模	該当する類型に○
小規模A型	児童人口概ね 0.9 万人未満 （人口約 5.6 万人未満）	
小規模B型	児童人口概ね 0.9 万人以上 1.8 万人未満 （人口約 5.6 万人以上約 11.3 万人未満）	
小規模C型	児童人口概ね 1.8 万人以上 2.7 万人未満 （人口約 11.3 万人以上約 17 万人未満）	
中規模型 【中規模市部】	児童人口概ね 2.7 万人以上 7.2 万人未満 （人口約 17 万人以上約 45 万人未満）	
大規模型 【大規模市部】	児童人口概ね 7.2 万人以上 （人口約 45 万人以上）	

＜どのような職員を配置する？＞

該当類型に○		子ども家庭支援員	心理担当支援員	虐待対応専門員	合計
	小規模A型	常時2名 （1名は非常勤可）	―	―	
	小規模B型	常時2名 （1名は非常勤可）	―	常時1名 （非常勤可）	常時2名
	小規模C型	常時2名 （1名は非常勤可）	―	常時2名 （非常勤可）	常時3名
	中規模型	常時3名 （1名は非常勤可）	常時1名 （非常勤可）	常時2名 （非常勤可）	常時4名
	大規模型	常時5名 （1名は非常勤可）	常時2名 （非常勤可）	常時4名 （非常勤可）	常時6名

職員配置計画：どのような人を、何人配置（採用）する必要があるか計画を立ててみよう

利用可能な補助金　（　　　　　　　　　　　　　　　　）

＜設備・器具は揃っている？＞

設備等		器具等	
相談室		鍵のかかる書庫	
親子の交流スペース		コンピューター等のOA機器	
事務室		虐待相談・通告受付票等の相談記録を電子ファイルとして管理する仕組み	
その他必要な設備		児童相談管理記録システム	

整備計画：新たに整備するもの、購入するものについて計画を立ててみよう

利用可能な補助金　（　　　　　　　　　　　　　　　　　　　）

「市区町村子ども家庭総合支援拠点」ワーク資料②

ワーク2　「市区町村子ども家庭総合支援拠点」を設置したら…

　「市区町村子ども家庭総合支援拠点」として担う業務を知り、現在の到達度について考えてみましょう。「子ども総合支援拠点」として求められている役割とは何かを考えながら、一つ一つ自己採点していきます。

1～5

＜子ども家庭支援全般に係る業務＞

業務内容		自己採点
①実情の把握	・市区町村に在住するすべての子どもとその家庭及び妊産婦等に関し、親子関係、家庭環境、経済状況等、養育環境全般について、関係機関等から必要な情報を収集する。	
	・インフォーマルなリソースも含めた地域全体の社会資源の実情把握を継続的に行う。	
②情報の提供	・子どもとその家庭及び妊産婦等、関係機関に対して、地域の実情や社会資源（福祉に関する資源や支援）等に関する情報提供を行う。	
	・自主的に社会資源を活用できるよう、社会資源に関する情報提供の仕方を工夫する。	
	・個人情報の提供に関しては、法律を遵守する。情報を提供できる範囲を明確にし、理解しているか。	
③相談等への対応	・一般子育てに関する相談から、養育困難な状況や子ども虐待等に関する相談まで、子ども家庭等に関する相談全般に応じる（妊娠期～自立に至るまで）。	
	・相談を受ける体制、遅滞なく適切に対応する体制（人的体制・能力）が整っている。いつでも相談対応を受けることが出来る。	
	・母子保健、障害児・者支援、福祉（生活保護・高齢者等）、教育、民生委員・児童委員（主任児童委員）等を把握している。関係機関と連携を図っている。	
④総合調整	・個々のニーズ、家庭の状況等を把握し、課題解決のための最善の方法を組織として考え、支援を行う。	
	・関係機関それぞれの役割、得意分野・苦手な分野を理解している。	

	・関係機関と緊密に連携し、地域における子育て支援の様々な社会資源を活用し、適切な支援に繋いでいく。その際に、支援拠点が中核（司令塔）となり、支援内容やサービスの調整を行う。	
	・複数機関で支援を行う場合には、誰が何を行うのか責任を明確にする。役割分担の指示、確認は支援拠点が行う。	
	・子どもの権利が守られているかの評価を怠らずに、支援を行う。	

＜要支援児童及び要保護児童等並びに特定妊婦等への支援業務＞

業務内容		自己採点
①相談・通告の受付	相談・通告を受け、問題の内容など、必要な情報を収集する。	
	収集すべき情報は何かを理解している。	
②受理会議（緊急受理会議）	受理したケースのうち、継続的な関与が必要なケースなどについて協議を行い、主たる担当者、当面の方針、調査の範囲等を決定する。	
	緊急に受理会議を開催する必要がある場合には、随時緊急受理会議を開催する。	
	緊急に児童相談所へ送致すべきケースについて判断し、速やかに児童相談所に送致する。＊児童相談所と共通のアセスメントツールの活用	
③調査	家庭環境（子どもの状況、保護者の状況、親子関係等）、家庭とその支援体制の状況、地域との関係等に関する調査を行う。	
	どのような関係機関に調査を行うと、どのような情報を得ることが出来るかを理解している。	
	子どもの安全に関する緊急度やリスク、支援のためのニーズなどを把握することを意識して、調査を行う。	
④アセスメント	調査によって得られた情報を基に、家庭、子ども、保護者、妊婦、親子関係、地域との関係及び支援の状況等の評価を行う。	
	子どもの心身の安全に関する緊急度とリスク及び子どもと家庭のニーズを的確に把握する。	
	個別ケース検討会議を開催し、情報を共有する。	

⑤支援計画の作成等	支援方針や支援内容を具体的に実施していくため、支援計画を作成する。	
	支援計画には、支援の過程で危機状態に陥った場合（子どもの心身の安全が脅かされている等）の対応方法を定めている。	
	支援計画は定期的に見直されている。	
⑥支援及び指導等	支援計画に基づき、子どもへの支援、保護者への支援、家族への支援、周囲を含めた社会への支援を行う。	
	在宅支援サービス、障害児・者施策、生活困窮者施策、ひとり親支援施策等のサービスを把握しており、身近で利用しやすい社会資源を活用して効果的な在宅支援を行う。	
	施設入所措置を行っている子どもの保護者やその家庭への支援についても、家庭復帰支援の一環として児童相談所と連携しながら対応する。	
	児童相談所の措置による児童福祉司指導という枠組みの中で委託を受けて、子どもや保護者等の家庭を訪問し、家事援助等の支援や通所による支援等を行う。	
⑦児童記録票の作成	ケースの概要や支援過程が理解できるよう、子どもごとに児童記録票を作成し、管理・保管する。	
⑧支援の終結	相談を終結する場合は、その理由を明確にし、記録に残しておく（日時、構成員、終結理由・根拠等）。	
	児童相談所を含めた関係機関が連携して対応していたケースの場合は、終結の方針を決定する前に、担当者間で情報を共有し、合意形成を図る。	
	実務者会議を通じて、終結することを報告する。	

＜関係機関との連絡調整＞

	業務内容	自己採点
①要保護児童対策地域協議会の活用	実務者会議等を通じて、要支援児童及び要保護児童等並びに特定妊婦等に関する情報交換及び共有を行う。	
	個別ケースの見立てや評価、役割分担、具体的な支援内容について話し合い、共有する。	
	見立てや評価を行う際には、常に子どもの権利擁護を意識する。	
	子どもやその保護者が地域において孤立することなく支援を受けながら生活が続けられるよう、積極的に支援を行う。	

	支援拠点は、調整機関（司令塔）として、地域協議会を構成する関係機関等との連絡調整を密に行う。	
②児童相談所との連携、協働	児童相談所と市町は、個々のケースの状況等により、役割分担・連携を図りつつ、常に協働して支援を行う。	
	定期的に情報交換や連絡調整の機会を設ける。	
	責任の所在が曖昧になることを防ぐため、主担当機関、それぞれの機関が何をするのかを明確にする。	
	相互の意見が違ったときには、ケースの客観的な見立ての見直しを行う。	
③他関係機関、地域における各種協議会等との連携	保健所、保健センター、民生委員・児童委員、教育委員会、学校、医療機関、こども園、児童福祉施設・里親、養子縁組家庭、地域子ども・子育て支援事業実施機関、障害児・者相談支援事業所、障害児通所支援事業所、発達障害者支援センター、警察、少年サポートセンター、子ども・若者支援地域協議会、地域自立支援協議会、その他地域の関係機関との連携確保に努める。	

＜その他の必要な支援＞

	業務内容	自己採点
措置解除後の子ども、家庭への支援	児童相談所が一時保護又は施設入所等の措置を解除した後の子ども等が、地域において安定した生活を継続していくために、解除前の早い段階から児童相談所より情報提供を受け、家庭復帰について協議する。（児童相談所から情報提供がなかった場合には、積極的に情報を求める。）	
	関係機関と個別ケース検討会議を開催する。	
	定期的な相談・家庭訪問、地域協議会でのを通して、子どもや家族のアフターケアを行う。	
里親への支援	里親、養子縁組里親、養子縁組家庭について、児童相談所、児童家庭支援センターより情報を得る。	
	里親等が、地域において社会的につながりを持ち、孤立しないために、支援拠点は、地域の社会資源の情報提供、役所の手続きが円滑に進むような協力、児童相談所や関係機関と連携して必要な支援を行う。	
非行相談の対応	子どもの行動特性のアセスメントを行う。	
	家族、学校、警察、子どもの生活と関係のある場や機関から情報を得て、協働して支援を行う。	

（2）令和元年度研修会

年度	内容	参加者	日時	会場
令和元年度	市町向け個別学習会	森町児童福祉主管課職員、母子保健主管課職員	令和元年9月19日（木）	森町保健福祉センター
		掛川市児童福祉主管課職員、母子保健主管課職員、人事・企画担当職員	令和元年11月25日（月）	掛川市役所
	地区別研修会（児童相談所管轄ごと）	市町児童福祉主管課職員、児童相談所職員	令和元年12月26日（木）	中央児童相談所会議室（藤枝市）

※３月に予定していた東部・富士児童相談所、西部児童相談所における地区別研修会は延期

（3）県の取組（有効であったと考えているところ）

ア　開催場所の配慮・効果

・多くの市町職員に参加していただけるよう、平成30年度の研修会は県内３か所で実施した。令和元年度は静岡市内での「全体研修」に加え、「児童相談所管轄単位での地区別研修会」、「各市町に出向いての学習会」を実施した。

・「児童相談所管轄単位での研修会」を実施することで、身近な市町との横のつながりが深まるとともに、児童相談所職員も多く研修に参加することができ、児童相談所職員の支援拠点への理解が進む効果が見られている。

・また、「各市町に出向いての学習会」では、児童福祉主管課職員だけで

113

なく、母子保健主管課職員、人事や企画を担当する職員等も参加している。各市町において支援拠点（組織体制）をどのように作っていくのか議論を始めるきっかけ作りとなっていると考えられる。

イ　参加者の構成・効果

・平成 30 年度の研修会では、支援拠点の運営に携わる職員だけでなく、設置に携わる職員（課長クラス）の参加を呼びかけた。人事、予算要求を行う立場にある人の参加により、各市町において支援拠点設置への意識が高まることが期待される。

・令和元年度は、支援拠点との関係が深い「子育て世代包括支援センターとの連携」「児童相談所との連携」をテーマに研修会を企画した。母子保健セミナーとの合同開催とし、母子保健主管課職員の参加を呼びかけた。母子保健主管課職員にも支援拠点を知ってもらうことで、各市町における支援拠点と包括支援センターとの連携や、特に小規模自治体における包括支援センターを主体とする支援拠点の設置について考える機会となったと思われる。

ウ　研修会の構成・効果

・支援拠点について説明を聞く、学ぶのみではなく、現在の市町の相談支援体制と結びつけながら、強みや弱み・今後のあり方について市町職員が主体的に考えることを目的に、研修会は講義＋グループワークで構成している。

（4）静岡県内における支援拠点設置（機能設置）自治体一覧

平成 29 年 4 月現在【4 市　自治体：熱海市、藤枝市、焼津市、袋井市】

平成 30 年 4 月現在【5 市　自治体：熱海市、藤枝市、焼津市、袋井市、富士市】

平成 31 年 4 月現在【10 市　自治体：熱海市、藤枝市、焼津市、袋井市、

富士市、伊東市、伊豆市、富士宮市、島田市、磐田市】

（5）静岡県としてのコメント

　支援拠点の設置が目標ではなく、静岡県内に「支援拠点」が増え、地域における児童相談支援体制がより充実していくことが大切である。県内の35市町の人口、財政規模、組織体制は様々であり、必要な情報や支援も異なるため、市町の現状を把握すること、市町のニーズを把握すること、ニーズに合わせた支援を行うことを意識し、今後も取り組んでいきたい。

2

三重県の取組

三重県子ども家庭総合支援拠点アドバイザリー事業

　三重県は、全体説明会や個別のヒアリングを終えた後に、今年度は、個別の市町の悩み・質問に直接相談に乗り、一緒に支援拠点設置に向けて歩めるよう市町の全面的伴走型支援を行っている。非常に画期的な手法で支援拠点設置をバックアップしている。新型コロナ禍でアドバイザリー事業がストップする自治体が多い中、いち早くリモートでの相談会に切り替えつつ、県の担当者が積極的に市町にアウトリーチをかけ、相談に乗っていくという丁寧かつ先進的な取組であり紹介しておく。

（1）研修概要

ア　主催：三重県児童相談センター
イ　実施方法：Web会議システムで実施（利用アプリ：Cisco Webex Meetings）
ウ　令和2年度実施日等：

相談日	市町名	実施場所	参加者	実施方法
6月2日	鈴鹿市	三重県児童相談センター	4名	講師⇔児セ
6月9日	いなべ市	三重県児童相談センター	4名	講師⇔児セ
6月16日	木曽岬町	三重県児童相談センター	1名	講師⇔児セ
6月16日	大台町	三重県児童相談センター	1名	講師⇔児セ
6月23日	四日市市	三重県児童相談センター	2名	講師⇔児セ
6月30日	紀北町	紀北町役場	2名	講師⇔児セ・町
7月7日	津市	三重県児童相談センター	2名	講師⇔児セ

7月14日	明和町	三重県児童相談センター	2名	講師⇔児セ
7月21日	伊勢市	三重県児童相談センター	3名	講師⇔児セ⇔市
7月28日	川越町	三重県児童相談センター	3名	講師⇔児セ
7月28日	志摩市	三重県児童相談センター	2名	講師⇔児セ
8月4日	大台町	三重県児童相談センター	1名	講師⇔児セ
8月11日	菰野町	三重県児童相談センター	2名	講師⇔児セ
8月11日	木曽岬町	三重県児童相談センター	2名	講師⇔児セ
8月18日	尾鷲市	三重県児童相談センター	2名	講師⇔児セ
8月18日	度会町	度会町役場	4名	講師⇔児セ・町
8月25日	多気町	三重県児童相談センター	2名	講師⇔児セ
9月8日	集合研修	三重県人権センター	18名／4市町	講師⇔人セ⇔市町
10月7日	朝日町	三者Web会議	2名	講師⇔児セ⇔町
10月7日	南伊勢町	三者Web会議	2名	講師⇔児セ⇔町
10月14日	伊賀市	三重県児童相談センター	2名	講師⇔児セ・市
10月21日	東員町	三者Web会議	3名	講師⇔児セ⇔町
10月28日	玉城町	三者Web会議	2名	講師⇔児セ⇔町
11月11日	木曽岬町	三重県児童相談センター	1名	講師⇔児セ・町
11月18日	熊野市	熊野市	2名	講師⇔児セ・市
12月9日	いなべ市	三重県児童相談センター	4名	講師⇔児セ・市
12月16日	三重県（確認シート）打ち合わせ	三重県児童相談センター	2名	講師⇔児セ
12月23日	三重県（確認シート）打ち合わせ	三重県児童相談センター	2名	講師⇔児セ
1月13日	三重県（確認シート）打ち合わせ	三重県児童相談センター	2名	講師⇔児セ
1月20日	三重県（確認シート）打ち合わせ	三重県児童相談センター	2名	講師⇔児セ

1月26日	三重県（確認シート）打ち合わせ	三重県児童相談センター	2名	講師⇔児セ
2月16日	三重県（確認シート）打ち合わせ	三重県児童相談センター	2名	講師⇔児セ
3月2日	三重県（確認シート）打ち合わせ	三重県児童相談センター	2名	講師⇔児セ
3月16日	三重県（確認シート）打ち合わせ	三重県児童相談センター	2名	講師⇔児セ
3月23日	三重県（確認シート）打ち合わせ	三重県児童相談センター	2名	講師⇔児セ
3月30日	三重県（確認シート）打ち合わせ	三重県児童相談センター	2名	講師⇔児セ

※10月～12月にかけて週2回／日で継続して実施予定
※「講師⇔児セ」は、市町職員が三重県児童相談センターへ来所し、Web会議により研修を実施しました。「講師⇔市町（市・町）」は、三重県児童相談センター職員が当該市町に行き、Web会議により研修を実施。「講師⇔児セ⇔市町（市・町）」は、講師・三重県児童相談センター・市町それぞれをweb会議でつなぎ、研修を実施しました。9月4日の集合研修は人権センターで開催し、4市町がWeb会議で参加。

　以下、三重県の担当者に研修内容についてまとめてもらった。

（2）研修内容

ア　参加者の自己紹介 5分

イ　市町紹介（面積、人口、地域の特色等を説明し、市町のイメージを共有）10分

ウ　「市区町村子ども家庭総合支援拠点」に係る事前質問の説明 15分

エ　事前質問に対する助言、既設置市の取組紹介等 45分

オ　その他質疑応答 15分

（3）研修開催に至る経緯

・三重県では、平成 24 年度から県と市町間で定期的に児童相談体制強化に向けた協議（以下「定期協議」という。）実施しています。

・平成 30 年度に実施した定期協議において、市町から子ども家庭総合支援拠点（以下「拠点」という。）についての関心が多く寄せられたため、平成 31 年 7 月に拠点に関する研修会を行いました。研修会後、松阪市が令和元年 1 月に県内初となる拠点を設置しました。

・研修会に関するアンケートを分析したところ、参加した市町間で設置の検討状況の進捗が異なっていることが判明しました。

・このため市町の検討状況に合わせた相談会を実施することで、市町の拠点設置・運営を推進することを目的とした「子ども家庭総合支援拠点アドバイザリー事業」を令和 2 年度から実施しています。

・当初、講師を市町に派遣して相談会を実施することを想定していましたが、新型コロナウイルスの影響を考慮し、Web 会議で相談会を実施しています。

（4）研修企画における狙いと実際の効果

・市町の進捗状況に合わせた相談会とするため、参加者や質問項目は自由としています。

・県から市町に次の資料を提供しています。
　①子ども家庭総合支援拠点スタートアップマニュアル
　②「市町村子ども家庭支援指針」（ガイドライン）　　令和 2 年 3 月 31 日
　③要保護児童対策地域協議会設置・運営指針　　　　　　　　　〃
　④「市区町村子ども家庭総合支援拠点」設置運営等について　　〃
　⑤県内拠点要綱
　⑥地方交付税算定要領（社会福祉費）

⑦その他必要資料（児童相談体制及び専門性強化に向けた確認票等）

・相談会の参加回数に制限を設けないことで、1回目は担当者が参加、2回目は担当者と権限者が参加など、各市町の進捗に応じた対応が可能です。

・集団研修ではなく、個別相談会としたところで、疑問に感じていることや、不安に思っていることを気兼ねなく確認することができるため、参加者から好意的な意見が寄せられています。

・Web会議のアプリ機能で相談会を録画して提供できるので、参加しなかった職員とも情報共有が可能になっています。

・講師から拠点設置の議論の過程や、拠点以外の課題についても明確な示唆が得られることから、今後の対応が明確になったなど好意的な意見が寄せられています。

（5）進行

研修内容	市町の進捗に応じた相談会を実施し、拠点の設置を推進する。
参加者の自己紹介	児童相談にこだわらず、わがまちについて紹介する。
市町紹介	アドバイザーとの間で当該市町のイメージを共有し、より活発な意見交換を行えるよう、市町職員から、当該市町の面積、人口、地域の特色等を説明してもらう。
「市区町村子ども家庭総合支援拠点」に係る事前質問の説明	アドバイザーがより的確な助言を行えるよう、事前に質問票を作成してもらい、課題となっている内容を明確化する。（資料参照）
事前質問に対する助言、既設置市の取組紹介等	市町が「拠点」の設置・運営に向け、具体的に取り組みやすくなるよう、「拠点」設置に向けた基本的事項のレクチャーや、先進事例の取組を紹介をしてもらう。
その他質疑応答	

Web 会議の実施イメージ

相談会内容を録画して、共有

資　料

ルーター　　　　スピーカーマイク

（6）成果（実施状況）

　集合研修を 9 月 8 日に、個別相談会を 12 月末までに 21 市町に 25 回実施しました。この結果、令和 3 年 1 月末時点で、18 市町（令和 2 年 9 月時点から＋ 7 市町増）で設置時期が明確化・前倒しとなりました。

1　個別相談会の実施状況

　令和 3 年 1 月末までに 21 市町に 25 回実施しました。

　また、個別相談会後に、録画データを市町に送付しています。

表 1　個別相談会実施日程（予定含む：令和 3 年 1 月時点）

市町	設置済	9 月末	12 月末	効果（令和 2 年 3 月末比）
桑名市		0	0	設置時期明確化
いなべ市	○	1	2	
木曽岬町	令和 3 年 3 月予定	2	3	設置時期明確化
東員町		0	1	設置時期前倒し
四日市市	○	1	1	
菰野町		1	1	
朝日町		0	1	設置時期明確化

川越町		1	1	設置時期明確化
鈴鹿市	○	1	1	
亀山市	○	0	0	
津市		1	1	
松阪市	○	0	0	
多気町		1	1	設置時期明確化
明和町	○	1	1	設置時期前倒し
大台町		2	2	設置時期明確化
伊勢市		1	1	設置時期前倒し
鳥羽市	○	0	0	
志摩市	○	1	1	
玉城町		0	1	設置時期明確化
大紀町		0	0	
度会町		1	1	設置時期明確化
南伊勢町	令和3年3月予定	0	1	設置時期明確化
伊賀市		0	1	設置時期明確化
名張市		0	0	設置時期明確化
尾鷲市		1	1	設置時期明確化
熊野市		0	1	設置時期明確化
御浜町		0	0	設置時期明確化
紀北町		1	1	設置時期明確化
紀宝町		0	0	
計	10市町	17	25	

2　集合相談（再掲）

　児童相談センターは次の集合研修会を実施しました。この研修会の録画データを全市町へ配布し、市町では職員研修教材として利用しています。

表2　研修実施状況

開催日	研修名	講師
令和2年 9月8日	市町が拠点としてどう取り組むか ―野田市と札幌市の死亡事例と 三重県事例で共通する課題―	日本大学危機管理学部 准教授　鈴木秀洋　氏

（7）成果
（児童相談体制及び専門性強化に向けた確認票の改訂）

　平成24年度から県と市町が定期的に協議する資料として、市町に作成を依頼していた「児童相談体制強化確認票」を市区町村子ども家庭総合支援拠点設置運営要綱に基づいた内容に改訂し、年度当初に市町が自ら業務を確認できるようにします。

図1　新「児童相談体制及び専門性強化に向けた確認票」（案）

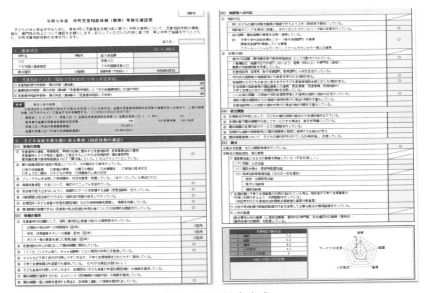

令和3年3月末完成

【筆者コメント】

　　この確認票は、入力項目をチェックしていくだけで、自らの自治体の状況（組織的強みや弱み）が一目でわかる五角形の図に表示されるようになっており、組織力向上のために画期的なツールとなると考える。

（8）参考資料添付

（参考資料1）

令和 28 度子ども家庭総合支援拠点アドバイザリー事業　　　　　　　　　　　談義他一覧表-(1)

設置目標を立てましょう！
子ども家庭総合支援拠点の 設置目標日 を入力してください。入力例 2022/04/01）

設置目標日 □　　　設置の場合は、　検討開始日　がスタートです。
設置までの日程モデルは、設置日程 のシートをご覧ください。

令和 2年　　月　　日

市町相談票 相談会用）

問1	
問2	
問3	
問4	
問5	
問6	

（参考資料2）

事前準備のスケジュールは概ね以下のとおりとなります。

作成日時点で、スケジュールの開始日が過ぎている場合は日程の短縮を検討してください。

		課題	対応
各作業に	14	までに 拠点設置要綱を告示 設置）する。	要綱告示
30日間	13	までに 拠点設置要綱の条文審査を受ける。	条文文言、告示日程の最終確認
にかかると想定	12	までに 市 副市長レクを行う。	
	11	までに 拠点設置要綱を起案する。	法令審査担当部局へも合議
	10	までに 部長レクを行う。	
	9	までに 来年度予算案について財政部局と調整する。	部の予算担当、財政部局と調整
	8	までに 拠点設置要綱案、説明資料等を作成する。	三重県から地市町例の提供を受ける。
	7	までに 拠点概要を決定する。	拠点の概要説明資料を作成します。
↑	6	までに 関係機関との調整、事務分掌整理③	アドバイザリー事業で相談する。
90日間	5	までに 関係機関との調整、事務分掌整理②	アドバイザリー事業で相談する。
	4	までに 関係機関との調整、事務分掌整理①	アドバイザリー事業で相談する。
	3	までに 方針確認レク	アドバイザリー事業で相談する。
	2	までに 方針作成	アドバイザリー事業で相談する。
	1	までに 課内検討	アドバイザリー事業で相談する。

第5章

支援拠点設置のメリットは
どこにあるのか
（自治体から寄せられる質問と回答）

　拠点に関する自治体から寄せられる【問い】と【回答】

　拠点に関する自治体から寄せられる質問と回答を、以下 1 ～ 3 に記載する。

1

支援拠点「整備」とは
どういう状態をいうのか？

【回答】

①支援拠点の機能（定義・意義・役割）（12 頁参照）

②支援拠点の法的位置付けを明確にしておくことが望ましい（52 頁参照）。

③支援拠点の 4 業務を行っている（54 頁参照）

2

支援拠点設置のメリットは
どこにあるのか？

　この質問に対し、これまで支援拠点を設置してきた自治体からのコメントを順不同で紹介しておく。体制整備の必要性を組織内や議会などに説明するためにも参考にしてほしい。

【回答】

①メリットとは、子どもの視点、住民側の視点から考える必要がある。現状の体制で子どもの命を守れるのか、守れないとしたらどうやって組織体制を補充し、運営の仕方を改善していくのかがポイント。

②これまで基礎自治体の予算内でしか虐待対応の充実ができなかったが、国の補助金を活用し虐待対応組織の充実が図れた（その分他の施策に

支出できた。)。

③子どもの発達や虐待対応の知見を有する専門家を確保することにより、**専門的知見に基づく支援対応**ができ、それにより、チームの他の担当者の物理的・精神的負担が減り、**職員一人ひとりが安心して仕事**ができるようになった。

④人的配置基準により、個人でなく、**チーム支援**ができるようになった（組織としての意思決定・組織責任の強調）。

⑤国から言われるまでもなく、**地域で子どもの命を守る**ために必須の体制整備と考えている。

⑥児童福祉法28年改正に基づく必然の制度変更（地域で面で支える）である。

⑦国の補助金を活用することで**虐待対応組織の充実**が図れた。

⑧支援拠点業務の範囲は広いので、その広い業務を補う人材を補充した。

⑨支援拠点を**設置する過程**で関係課と協議を行う機会が増え、その過程がその後のケースワークに役立った。

⑩自治体内で自分たちの仕事を理解してもらえるようになった。

⑪小さな自治体なので子ども部門だけを増員することは難色を示されたが、支援拠点整備過程を含めて住民に周知することで、**相談が増えて、**人員が増員された。

⑫職員の異動が多い中で、これまで組織にいなかった虐待対応経験者や保育士資格取得者、看護師資格取得者などが時間を限ることで非常勤職員や会計年度職員として配置され戦力が補充されることになった。

⑬支援拠点設置を県が働きかけてくれることで市町村が整備しやすくなった。**県との意見交換**も増えた。

⑭心理職など専門的知見に基づく資格者に入ってもらうことで、児童相談所に頼らなくても自分たちで判断できることが増えた。

⑮必ずしも専門的知見の豊富な職員の増員ではなかったが、事務的な職員の増員であっても、人員増により休みが取れるようになった。

⑯従来は一人での判断であったが、拠点とすることで、相談や協議できる人が増えて助かった（チーム支援ができるようになった）。

⑰支援拠点を設置する過程で**支援拠点設置アドバイザー**に仕事の内容を検証・アドバイスをもらえたことが非常にその後の他機関との連携に有効となり、その後もアドバイスをもらえることとなった。

⑱要対協の活用など要対協の運営の仕方についても整理ができた。関係機関に**当事者意識**を持ってもらえるようになった。

⑲支援拠点は要対協の調整機関の役割も果たすので、**資源（味方）が増えた**。

⑳国が常勤の正規職員分を地方交付税措置していることを財政当局に申し入れした。

㉑**自治体アセスメント**を行うことできた。自分たちのチーム構成を中・長期（異動含めて）にわたり、考えることができた。異動がスムーズにできるように思う。

㉒自治体トップの広報戦略にもなる。子育てに優しい自治体との宣伝にもなる。

3

支援拠点を整備する過程で役立ったことは？

【回答】

①包括支援センター設置が先行し有資格者等もそろっていたので速やかに設置ができた（千歳市・岩国市）。

②地域の医師会、医療機関、弁護士等の協力が得られたこと（総社市・中津市）。

③市長のリーダーシップに尽きる（加賀市・杵築市・宗像市）。

④国の人員配置基準が通知され、それに基づく自治体が要綱制定することで人事部署に人員確保を説明しやすくなった（藤枝市）。

⑤要綱に拠点が明記されたことで職員体制が維持拡充した（岩国市）。

⑥国・都道府県からの繰り返しの働きかけ・バックアップが役立った。

⑦都道府県主催による講演会やワークショップの開催（静岡県、山口県、岡山県、沖縄県、宮城県、福島県、広島県、愛知県等）。

⑧スタートアップマニュアルを参照することで知識を得られた。

⑨児童相談所側の視点でなく、市町村側の視点からの地域連携や地域資源の結びつけ方のアドバイス。

⑩組織の中での事務職員や幹部職員の支援拠点制度の理解。

⑪教育長のリーダーシップと教育部局との連携（阿智村）。

⑫小さい自治体だからこそ住民との顔が見える関係で設置を進めることができた（田原市、中頓別町）。

⑬アドバイザリー事業によるリモートでの個別相談会が役立った（三重県、戸田市、伊丹市、鴻巣市）。

⑭要対協調整担当者向けの研修で、支援拠点について事例を混じえて解説があったこと（岐阜県、栃木県、山梨県）。

⑮死亡事例の報道により、自治体の中で子どもの命を守ることや虐待対応の重要性の意識が高まった。

⑯第三者による検証や組織全体の取組と宣言（野田市）。

⑰事務職員は組織内の制度作り、他課の調整や様々なサービスを熟知しており、総合的な拠点作りには不可欠の存在だった（中津市、三宅村、旭川市、岩国市等）。

第6章

支援拠点における
相談研修の
在り方・具体例
【研修編】

山川玲子

　支援拠点は箱モノの設置ではなく、機能設置である。

　ではその機能を担う職員に対して、実際にどのような能力を身に着けてもらう必要があるのか。筆者と同じく支援拠点アドバイザーであり、自治体で心理担当として数多く子どもと家族に向き合ってきた山川玲子氏に、これまで行ってきた研修について、取組例の一部を紹介してもらうこととした。

研修例の紹介

　子どもの命を守るために、地域で親とつながり、支援に関わる現場の職員に必要とされる研修とはどのようなものだろうか。ここでは市民対象の事業も含め、実際に実施した研修の例を紹介する。

〔研修例1〕

子ども家庭支援センター職員向け研修（市区町村子ども家庭総合新拠点に該当）武蔵野市の取組みから

研修の目的　　子ども家庭支援センターの役割を各参加者の実情に沿って
　　　　　　　考え実践力を養う

実施機関　　　社会福祉法人子どもの虐待防止センター

研修対象者　　子ども家庭支援センター職員

実施日・時間　5回連続講座　1回3時間

内容

1. 子ども家庭支援センターと児童相談所の違い

<u>予防と早期発見</u>

・地域の強み　→　困ったときあの人に相談してみようという関係性

・SOSを出せる可能性を高める関係づくり

・細やかなフットワーク　→　特定妊婦、産後うつのスクリーニングなどを含む

・ロールプレイ

2. 子ども家庭支援センターの専門性とは
──強みと弱みをめぐって

様々な職種が連携する組織として強みを生かす。

・報告・連絡・相談の方法を振り返り子ども家庭支援センターの専門性を高める方法を探る。

・地域に根ざしている強みを生かして個々のケースにどうかかわるか、信頼関係をどう培っていくか。

・ロールプレイ

・事例検討

3. 母子保健と児童福祉の連携を考える

母子保健との連携は大変重要。同行訪問の方法、予防と早期発見に向けた取組みについて地域にあった協働とはなにかを学ぶ。

・学齢時より乳幼児のへの介入が入りやすく予後が良い。

・特定妊婦・母子保健と児童福祉の重なる部分（ポピュレーションアプローチからスクリーニング）

・武蔵野市から見えてくるもの → 特定妊婦、妊娠届出書からスクリーニングの仕方

・保健センター（各健診や親子グループミーテイング事業のカンファレンス）から子ども家庭支援センターへつなぎ、協働して支援する体制について。

・子ども家庭支援センターで子ども家庭支援センターと保健センターの合同新人職員研修

・赤ちゃん訪問に保健センターと子ども家庭支援センターと同行訪問の仕方（その際の子家の自己紹介の仕方など）

・ロールプレイ

4．子ども家庭支援センターの職員に求められる研修

<u>児相の研修には予防と早期発見の具体的方法がないため独自の研修を実施。</u>

・武蔵野市が目指しているもの→職員が異動しても支援が切れないための
　新人研修（毎年ルーティン）
・健康課職員合同の新人研修（ロールプレイ中心）
・受理支援方針会議プレゼンの仕方
・相談中の記録の取り方
・送致書や情報提供書記録の書き方
・二次受傷バーンアウトを防ぐため組織でシェアする仕組みを目指す研修
・「きく」ロールプレイ

5．それぞれの地域の実情にあったケースワークとは

<u>どこにどのようにフォーカスしてどう「きく」か。</u>

・ロールプレイ
　①「私なんかいなければいいと思う」
　②「夫が（子どもを）泣かすなという」
　③「子どもの口にタオルをかけた」
　3人1組になり、イスに相談者、相談員、観察者の役割を付けて5分ず
　つ①～③までのロールを行う。
・事例検討　妊娠28週受診券を貰いに保健センター来所その聞き取りで
　不明な点多数あり調査のため子ども家庭支援センターに要請が入った
　ケース。
・最後に全体の感想

〔研修例 2〕

子ども家庭支援センター　入り口での対応
──電話相談・インテークについて

研修の目的　相談関係をつくる入り口の電話相談の留意点と初回面接相談
　　　　　　の要点の理解

実施機関　　文京区子ども家庭支援センター

研修対象者　新人職員　異動してきた職員

実施時間　　電話相談　2時間　インテーク面接　2時間

内容

1. 関係をつくる電話相談の留意点

(1)　電話の掛け手は匿名でも話せるので相談の入り口として敷居は低く感
　　　情や困惑を伝えやすい、自分から切ることもできるので掛け手にとっ
　　　て使いやすいツールである。

(2)　掛け手の声の大きさ、話し方の早さ、言葉遣いにできるだけ合わせる
　　　と気持ちが近くなる。

(3)　電話の掛け手が話し出す最初の言葉から適度な相槌を打ちながら注意
　　　深くきくことが重要である。今回の主訴、今一番話したいことを話す
　　　場合が多い。始めの5分～7分ほどの間に今日相談しようと意図した
　　　内容が語られることが多く、その後話が拡散したときにも戻ることが
　　　できる。この7分ほどの記録を取りながらの傾聴は大変重要で、その
　　　後の住所や名前を伺うなどの相談関係をつくることにも大きく影響す
　　　る。

(4)　受け手は受け手の不安から（助言をするための情報が少ないことから
　　　不安になり自分の知りたいことを質問したくなる）全体像を把握しよ
　　　うと早期に質問をしてしまうと「話をする→聴く」の関係が逆転して
　　　「質問する→答える」になり関係の逆転が起こる。

(5)　受け手は掛け手の話されていることが真実か否かの客観的事実の確認

ができないので、「いま一番困っていること」をきくことが安全である。

(6)　確認したいことは掛け手の語られる文脈の中で尋ねる（縄跳びの縄に入るように・掛け手の話の流れの中で）。わからないことも流れの中で確認しわかったことをフイードバックするのが安全。

(7)　電話で掛け手が話されている時、掛け手の傍らに対象児がいることを意識する。今傍らにいる対象児の様子にも注意を払いながらきく。対象児は安全な状態にあるか。今どこにいるか。わからなければ掛け手の話の流れの中で確認する。

(8)　相談時間について、集中して話を伺うことのできる限界は 40 ～ 50 分程度、長くても 1 時間以内が望ましい。

(9)　掛け手から語られる話の中から ⓐ虐待関係はあるか、ⓑ種類は何か、ⓒ緊急性はあるか、ⓓあるとしたらどの程度かなどのアンテナを立てて聴く。主訴が虐待ではない場合でも、今子どもとの関係はどうか、緊張関係はあるか、子どもとの関係で困っていることは何か。子育てにもう一人の親（あるいはパートナー）はどのようにかかわっているか、そのことについてどう考えているかについても重要な情報であるので話の流れの中で確認することが望ましい。

(10)　電話相談は掛け手の声が直ぐ耳元に語られる。こうした距離感は恋人や親しい関係以外には存在しない。お互いに情緒的になりやすく甘えや依存など退行的な情緒が持ち込まれやすい。怒りや攻撃的な声、嘆き、悲しみ、泣かれるなどの声は受け手の心身の深いところに無意識に影響することも考えられる。そのような感情を受け取った際には誰かに話してから退出するなど工夫（気持ちの吐き出し）が必要とされる。

2.　インテーク（初回）面接の所作と目的と流れ

(1)　面接に至る所作と目的

　相談者に相談票に名前・年齢・家族の名前・年齢・同居別居の有無・今

回の主訴・誰の・どのような相談か・これまで相談した機関・医療機関受
診歴の有無などを記載していただく（相談者の相談意思確認の準備）。
　○来られた目的を明確にする
　　問題　→　・何を問題として来所したか・今何に困っているか
　　状態　→　・今どのような状態なのか・緊急性はあるか・慢性的か
　　どのような主訴であっても　→　関係性の確認（虐待はあるか？・種
　　　　　　　　　　　　　　　　　　別・緊急度・重症度は？）
　　望み　→　・どのようになりたいのか・ここに何を求めてきたのか
　○問題歴をきく
　　・いつ頃からどのようにして起こったか始まったか
　　・そのことにどのように対応してきたか

(2)　上記の点を頭に置いて関係をつくる初回面接の流れ
　　相談者が語られる文脈の中できいていく安全なききかた（数回できくイ
メージ）
挨拶
　　・自己紹介（名前を名乗る）　・メモを取ることの了解をいただく
　　・終了時間の目安を伝える
観察
　　・顔色　服装　態度
　　・今の状態→疲れている　混乱している　落ち着いている
きき方
　　・相手が話し出すところからきく
　　・相手の話すところに耳を傾けてきく　・理解しようとする
　　・積極的関心と傾聴　・相談者の話の流れの中で事実関係を把握する
　　・わからないところはきき返す　・わからないのに頷かない
　　・きいた事実関係をフィードバックする
　　　　　　※やり取りが難しいと感じたら相談者の健康度に着目し安全
　　　　　　な時間と安全な着地点を想定
　　・感情　→　表現されているものと表現されないものに気づく

137

- ・相談員は今の自分の考えや今の感情をわかっていることが重要
- ・全体像や全体のストーリーを理解して終了する
- ・今回どのような終わり方で終了し次回にどうつなげるのか相談者に
わかるように伝えて終了する

家族歴生育歴
- ・3世代までのジェノグラムを目の前で書きながら、どのように育っ
たかをきく
- ・虐待やネグレクトはあったかを相談者の語られる文脈の中で確認す
る

学歴・職業
- ・どのように社会化しているか

結婚に至る経緯
- ・どのように出会ったか

妊娠に至る経緯
- ・自然妊娠　不妊治療・人工授精→期間
- ・望んだ妊娠だったか　パートナーと子を持つことについて話し合っ
たか
- ・合意の妊娠か　妊娠を知ってどう感じたか　父母各々

周産期異常があったか
出産のエピソード
- ・安産　・難産　・自然分娩　・帝王切開
- ・在胎週数　・出産体重

育児について
- ・育てやすかったか・育てにくかったか　・飲む子　・飲まない
子　・寝る子　・寝ない子（出産のエピソードや育てにくさには相談
員が共感しやすく、頑張りを労うことができる。）

虐待について
- ・過去に叩かれた　現在叩いている　→　部位程度　何（手・あるい
は物）で叩かれたか
　　　　　　　※乳幼児の親御さんの被虐歴は引き出さない。深めない広げ

ない話し過ぎないよう配慮が必要。心の動揺の深さでバランスが崩れる。

※道具を使って叩かれたあるいは現在叩いている場合は、過去であればより傷が深く、現在であれば緊急性が高い。

「現在」を扱うのは安全

〔研修例3〕

社会福祉法人子どもの虐待防止センター版
「親と子の関係を育てるペアレンティングプログラム」®

実施目的　職員には虐待予防を目的とした親支援親対応のスキルアップ
　　　　　親自身が子どもとの関係を変えたいと思った時に使える虐待予防プログラム

実施自治体　江東区　文京区　武蔵野市　長岡市　川越市　大分県　大分市他

対象者　各自治体職員・専門職員向け研修（市区町村子ども家庭総合新拠点に該当）
　　　　現在子育て中の親

実施回数／時間　職員向け・親向けダイジェスト版　→2時間
　　　　　　　　親向け・ペアレンティングプログラム　→7回×2時間

内容

　社会福祉法人子どもの虐待防止センター版「親と子の関係を育てるペアレンティングプログラム」は1991年開設から、10万件以上の相談を受けてきた社会福祉法人子どもの虐待防止センターの相談員が作ったプログラムである。「怒鳴った」「叩きつけた」と訴える親が、「子どもとの関係を変えたい」と思ったときに、簡単に安全に使えるプログラムをと作成したものである。

　○本プログラムの大きな特徴は心理教育の導入である。西澤哲（当法人理事−山梨県立大学教授）DVD映像20分

　・「今の時代」の子育ての特徴を知り親の抱える困難を皆で共有し、気

持ちに寄り添うことから始まる。

・「しつけ」とはなにかを明確にし「しつけのゴール」を具体的に伝える。

・「子どもが持つ本来の特性について」「脳科学の視点から子どもへの効果的な伝え方」を伝える。

・「今の気持ちに気づく」「自他尊重の表現方法を学ぶ」

○プログラムの大きな柱は、子どものできている、当たり前にしている行動に、見たままを言葉にして声掛けする「実況中継」である。簡単で安全な声掛けである「実況中継」を様々な場面を想定して繰り返しロールプレイで学ぶ。

○本プログラムの効果測定は虐待心性尺度PAAI（西澤2003）で検証し、全ての項目で有意な差が見られた。（江東区・文京区・武蔵野市・長岡市他7回のプログラムを受けた参加者183名に実施検証した）

2019年日本子どもの虐待防止学会第25回学術集会ひょうご大会で、本プログラムの効果検証をテーマにしたシンポジウムでの発表は大きな反響があった。本プログラム「親と子の関係を育てるペアレンティングプログラム」は「しつけ」とは何かを明確にしているため、市民対象の虐待予防の簡単で安全なペアレンティングプログラムとして、子どもへの虐待を「しつけ」と主張する親対応にも有効であるため職員の研修として使うことができる（2時間のダイジェスト版）。

プログラム資料より

第25回学術集会　ひょうご大会　公募シンポジウム　S-13　　2019.12.21
簡単で安全な

「CCAP版　親と子の関係を育てる
　　ペアレンティングプログラム」®の効果を検証する

発表1　本プログラムの特徴・電話相談の中から生まれたプログラム
社会福祉法人　子どもの虐待防止センター

社会福祉法人子どもの虐待防止センターは、子どもを守るために親（保護者）支援を基本理念としている。

＜アメリカの虐待についての小児科対応マニュアルに「救急外来にいかにも虐待によるものと
思われるケガややけどを負った子どもを連れて親がやってきたら、医師は決して親を責めて
はならず、まず親をねぎらいなさい。」と書かれてあった。＞
・虐待をしている親は、地域からも親族からも孤立している。
・たとえ親は虐待を認めなくても『もう止めさせてほしい』と叫んでいる。「親をねぎらい、
親子が共に暮らしていけるよう、地域で親を支援していく取り組みがなにより重要である」
元理事長　坂井聖二（小児科医・2009年逝去）の著書から

プログラムの特徴　1

子育てに悩む多くの親の声に耳を傾けてきた相談員が作成した
親との試行実施を重ねながら作成し今なお進化し続けている
子どもとの関係を変えようと思った時に誰でも難しくなく簡単に安全に使えるプログラムを目指した

肯定的な声掛けは子どもを守り親と子の関係を育てる

プログラムの特徴　2

心理教育を導入したプログラム

ステップ1の心理教育はその後のプログラムで繰り返し扱う

◆　導入→「今の時代の子育て」の特徴を知り、親が抱える困難を皆で共有し、
気持ちに寄り添うことからはじまる。
◆　CCAP理事　西澤哲（山梨県立大学）DVD17分
「しつけ」とは何かを明確にし「しつけのゴール」を具体的に伝える
「子どもが持つ本来の特性」「脳科学の視点から子どもへの効果的な伝え方」
◆　「今の気持ちに気づく」「自己表現方法」「Iメッセージ」（アサーション）を学ぶ
◆　親が自分の問題に気づき、向き合い整理するきっかけになる

プログラムの特徴　3

足しもしない引きもしない見たままを伝える「実況中継」

◆　相談の中で「ほめることができない」「ほめられたことがない」と言う言葉に
＜見たままなら言えそう？＞「それなら言える」「難しくない」こうして誕生した
認める声掛け実況中継　　親が子どもの行動を見たまま言葉にして声かけをする

「実況中継」は本プログラム全体の柱
子どもの心理療法子ども中心プレイセラピー（遊戯療法）
「実況中継」はその手法である「トラッキングする（見たことを描写する）」ことに近い方法

プログラムの特徴　4

日常生活の場面を想定してのロールプレイ

◆　親が子どもの行動を見たままに言葉にして声かけをすることは

　　　簡単で安全な声かけを学ぶことになる

◆　受講者が順に親役・子役を繰り返し行うことで子どもの気持ち・親の気持ちを体感する

　　　　他の親子の日常を知ることになる　私だけでないと気づく

　　　　　グループダイナミクスは本プログラムの強み

親役子役を繰り返し繰り返し体験するロールプレイで子どもの気持ちや自分の気持ちに気づく

体感することで安全で安心な親と子の関係を育てる声かけを学ぶ

プログラムの内容と構成

ステップ1	**今、ここから（心理教育）** しつけ本来の意味を知り、脳科学の視点から子どもの成長発達を学びます。
ステップ2	**わかりやすく伝える** 子どもにわかりやすい共感的なことばかけ、伝わる環境の整え方、スキルを学びます。
ステップ3	**コミュニケーションを育む「実況中継」Ⅰ** 子どもの行動を見たままに伝える「実況中継」は、自尊感情や自己肯定感を育てます。
ステップ4	**コミュニケーションを育む「実況中継」Ⅱ** 子どもに対する親の要求度を考えます。小さな目標を設定し、できることから始めます。
ステップ5	**困ったときのかかわり方** 親子が共に感情をコントロールできなくて困った場面での問題解決スキルを学びます。
ステップ6	**今の気持ちに気づき気持ちを伝える（心理教育）** 「今」のあなたの気持ちに気付きましょう。 「わたしメッセージ」伝え周囲の人たちとの関係を育む自己表現を身に付けます。
フォローアップ	

発表2　体験を重視したプログラム

　　　　ロールプレイで受講者は自分と子どもの気持ちに気づく

しつけとは・・・

不快な状態を　⇒　快の状態へ変える手助けを繰り返すこと

様々な手助けの繰り返し

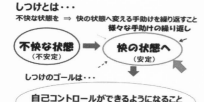

しつけのゴールは・・・

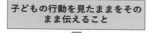

子どもが自分の力で自分を整える力を養うこと

実況中継とは・・

```
子どもの行動を見たままをその
まま伝えること
```

```
☆ 何も引かない、何も足さない伝え方
☆ 安全な伝え方
☆ 誰もが簡単にできる伝え方
```

コミュニケーションを育む「実況中継」

実況中継の効果

子どもはこっちを見てほしいと思っています
子どもに親が見ている事を伝えることができます

子どもは気づいてくれたり、認めてもらうと嬉しく
感じて、その行動を繰り返そうとします。

```
親と子のコミュニケーションがよくなり、
良好な関係を育みます。
```

発表3 アンケート結果と効果測定　虐待心性尺度PAAI結果から見えたこと

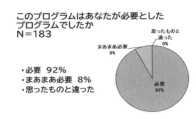

このプログラムはあなたが必要とした
プログラムでしたか
N＝183

思ったものと
違った
0%

まあまあ必要
8%

必要
92%

・必要　92%
・まあまあ必要　8%
・思ったものと違った

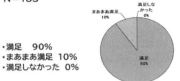

このプログラムに満足していますか
N＝183

まあまあ満足
10%

満足しな
かった
0%

満足
90%

・満足　90%
・まあまあ満足　10%
・満足しなかった　0%

プログラムの効果測定
PAAI虐待心性尺度（西澤2003）

・ 1歳6ヶ月児健診 3歳児健診 9歳児を持つ
　一般家庭の母親600人

・ 理論的に虐待の心理に繋がると思われる150項
　目について因子分析

・ 48項目からなる7つの因子が抽出

因子
＜自信欠如＞＜非受容＞＜体罰肯定＞
＜被害的認知＞＜完璧志向性＞
＜拒否嫌悪＞＜疲弊感＞

プレとポストでt検定を実施　N＝174
7因子と総得点全てに有意な差が見られた

〔研修例 4〕

2人目育児講座

研修の目的　　　虐待予防　心理教育　親子の関係や父母の関係に焦点化し
　　　　　　　　て関係を育てる
　　　　　　　　声掛け「実況中継」を伝える

実施機関　　　　武蔵野市健康課

研修対象者　　　市民　子育て中の親

実施日・時間　　休日・2時間

内容

　　第2子妊娠出産をきっかけにママが第1子との関係に悩む相談が乳児健
診には最も多く聞かれる。虐待に移行するきっかけとも言われており、虐
待予防の視点から第2子出産後の第1子との関係をどう育むかは大変重要
だと捉えて実施している。参加希望者は毎回多い。

1. 赤ちゃん返りをする上の子の気持ち＆ママの気持ちを知る

　今まで独り占めしていたママの胸にはいつも赤ちゃんが独占状態。これまで一人でできたことも「やだ〜ママと〜」「ママとじゃなきゃいやだ〜」ママは授乳で朝晩の境目がない24時間営業状態→睡眠不足→「いやだ〜」の声にイライラはマックス→こちらを見てほしい第1子は、ママがしてほしくないことをすると叱られるけどこっちを見てくれることを知る→誤学習が繰り返される→爆発→ああ！また叱ってしまった…叱ってばかり…と自身を責める→自信をなくしてママは負のスパイラルにはまってイライラ。

2. ここを乗り切るヒント
　上の子に見てるよ〜を伝える魔法の言葉　関係を育てる
　言葉かけ「実況中継」

（CCAP版親と子の関係を育てるペアレンテイングプログラム ®）
・一緒に！サクサクと！手伝う。→大変だけど落ち着くのが早い→拗れない。「できるでしょ！」「ひとりで！」→「いや!!」を引き出す言葉になる。対決せずにサクサク手伝う。長くは続かず元に戻れる。
・第1子が今している、ママに見えている姿をそのまま言葉にする。「○ちゃん座ってるね」「○ちゃん車で遊んでる」→赤ちゃんを抱っこしていても、おむつを替えながらでも、おっぱいを飲ませながらでも言える。→　第1子はこのママの言葉「実況中継」で見てくれていることを知ることができ、安心する。この声掛けがお子さんとママの自己肯定感情自尊感情を支える。

3. 子育てする時一番大切なのは誰の気持ち？

　先ずは子育てしているママとパパの気持ち!!　なぜ??
　ヒトの脳が発達する過程で影響を特に受けやすいある特別な時期（生後2か月から就学前の時期）を感受性期と呼び早期の感受性期に受けた環境

の影響はその後の発達に「直接」影響する。特に視覚野、聴覚野、大脳皮質は環境によって神経ネットワークが大きく変化する。子どものそばに居るママとパパの気持ちの安定は、子どもの発達、育ちに直結している（明和政子 2020）。だから、自分に問いかけます。いまあなたはどんな気持ちですか？　いま余裕ありますか？　どれくらいの余裕がありますか？　自分の気持ちに気づくことが大切です。そのことがあなたを守り子どもを守ることにつながります。気持ちがいっぱいいっぱいだと気づいたら引き算をする。もうそれ以上頑張らない！　もうそれ以上無理はしない！　もう寝よう！

4. いまを生きるママのこころは…

・今のママはパートやアルバイトも含めて<u>100％に近い就労経験率</u>　→社会化しているママたち→社会人としての自信→仕事の中での達成感・満足感を経験している。

・晩婚化→ママもパパも一人で自由に過ごした時間の長さは比べ物にならない。
結婚・妊娠・出産・育児→出産前の自由な生活と、全く思うようにならない子育てとの生活のギャップの大きさと戸惑い。

・就労経験から身に着いた効率主義、妊娠出産育児中の社会からの孤立感、夫からの孤立感は大きい。更に古典的な良妻賢母や母性神話、3歳児神話、子育ては母の手でというすり込み…自分で自分を縛る。（これが実はイライラの根底に根を張っている）

・子育ては思い通りにならないことばかり→ ON と OFF のない 24 時間営業。
私の生活はこんなに変わってしまったのに、もう一人の親は?? 　何も変わったように見えない日常を生きているように見える…。なんで私だけ!! 　産後夫への愛情が急激に冷めていく。産後クライシスグラフ（出所）ベネッセ次世代育成研究室（グラフは大変わかりやすい→急激に冷めない群について説明している）

5.　しつけとは？

・しつけとは子どもの不快な状態を快の状態に変える様々な手助けの繰り
返しをする中で子どもの心の中に父母が住む関わり（アタッチメント対
象の内在化）、子どもとの関係を育てること。しつけのゴールは自己コ
ントロールができるようになること（子どもが自分の力で自分を整える
力を養うこと）。

・禁止や否定の言葉を使わずに肯定的な言葉で、してほしいことを伝える
ことは大切。
　さあ問題行動を直したい、あなたならどこに声をかける？　最新の脳科
学研究が教えてくれた行動変容を促す声かけとは。「やめて‼　ダメ‼
何回同じこと言わせるの‼」という否定的な声掛けは行動変容にはつな
がらない。
　ポイント→できない時ではなく、できている時に「あっ、○○できてい
る」と省エネモード発声（頑張らない静かな声）で認める声掛け（実況
中継）をして、できているところ見ていたよ。知っているよ。と伝える
声掛けが効果的。

・パパから、いつもママはなめられてるんだよ、俺のように「ドカン」と
きつく叱れよと言われたが、そうなのかというママからの相談は多い。
「ドカン」と俺が言うときくよと言われる。「ドカン」はびっくりして止
まっただけ。「ドカン」では何をすべきかを子どもは理解はできない。
しつけのゴールは自分の力で自分をコントロールができるようになるこ
と。「ドカン」は感じる脳といわれる大脳辺縁系がびっくりして優位に
なるので思考する脳前頭前野は抑制されてしまう。「ドカン」は嫌悪感
と不信感という感情を伝えて、してほしい行動を伝えることにはならな
いことを知っていただく。

6.　「今ここからチャレンジ」

・友田先生の最新の脳研究から暴力、暴言やDVの目撃で子どもの脳の視

覚野が19.8％も減少することがわかり、記憶力や学力に影響する。子どもの聴覚野は暴言を連続して聞き続けることでシナプスの刈込ができなくなり、シナプスは雑木林状態に膨張し一斉指示が入らない状態、コミュニケーションがとれない状態になるとのこと。友田先生の研究では子どもの脳は柔軟で可塑性があり、傷ついた脳も、<u>親の声掛けが肯定的な認める声掛けに変化すると、脳は回復再生に向かうとのこと。</u>これまでのしつけの文化は否定的な言葉で、してはいけないことを教えてきたが、脳科学の研究が肯定的な認める声掛けの有効性を伝えている。「やれたね」「できた」などの声掛けを、いつも「今ここから」スタート。身についたものを変えるのは大変難しいが、いつも「今ここから」にチャレンジ!!　いつものように言ってしまったらその時すでに過去！　いつも「今ここからスタート」と伝えている。

第7章

支援拠点設置に向けての アドバイス例

【主に小規模分析・制度設計編】

井上登生

医療法人　井上小児科医院理事長

　支援拠点設置促進に向けて、筆者と同じく支援拠点設置アドバイザーとして全国の自治体で講師として研修を行った井上登生氏に、県主催で地域の自治体を集めて行った初期の集合研修での手法、自治体側の感想、今後に向けてアドバイスをもらった。なお紙幅の都合上研修内容については一部分の掲載となっている。ビデオ視聴や本書の他の章で理解が進むと考える。

支援拠点設置に向けてのアドバイス

　2019 年度は、「市区町村子ども家庭総合支援拠点の設置促進に向けた支援手法に関する調査研究報告書」、「市区町村等が行う児童虐待防止対策の先駆的取組に関する調査報告書」、「市区町村子ども家庭総合支援拠点設置スタートアップマニュアル」を用いて、各自治体で行われている市区町村子ども家庭総合支援拠点（以後、支援拠点）の設置促進に向けたアドバイザーとして活動を行った。活動の主な内容は、各自治体の中津市視察の受け入れや私自身が自治体訪問をした際に、講義形式で支援拠点の設置促進に向けた考え方や実際の取組事例の紹介をし、ついで各自治体の現時点までの取組のあり方を確認した上で、各自治体の強みを活かして、さらに進むべく方向について質疑応答形式で検討を行った。加えて、各自治体からの個別の相談にも対応してきたので、これらの経験から得たものを報告する。

（1）市区町村子ども家庭総合支援拠点の　　設置促進の考え方での気づき

　支援拠点の設置の根拠として、平成 28 年児童福祉法等改正により、法律に支援「拠点」が明記（第 10 条の 2）されていることは知っている。平成 28 年児童福祉法等改正法（以後、平成 28 年改正法）そのものが、昭和 22 年の発行以来、理念そのものから改正された、いわば抜本改正であることの意義、ならびに第 1 ～ 3 条までの確認・認知が研修参加者においてもできていないことがわかった。会場ごとの人数や講義受講者の経験年数による集団の違いはあるが、それでも多いところで半数、少ないところでは 2 割程度しか、挙手による確認であったが、平成 28 年改正法につき理念から読み解いている人はいなかった。

対策：改めて、子どもの権利条約制定、我が国の批准後から平成28
　　　年改正法が成立するまでの経緯、平成28年改正法以後の改正
　　　の動向を丁寧に説明する。

　研修後のアンケートで、「気づきの多い研修であった」、「改めてスタートアップマニュアルを読み返してみようと思った」、「この様な視点を自治体内部で共有したい、すべきであると思った」、「この様なことがわかると、自治体の担当職員としてやるべきこと、やらなければならないこととしての自覚が倍増した」等、多くの前向きの意見をいただいた。
　鈴木も述べているが、ビデオにより繰り返して見ることができる様な資料の提供が必要である。

---

(2) 都道府県による各市町村における子育て世代包括支援センターと支援拠点の設置状況の確認と市町村からの設置促進に向けた意見

　正式に県としての取組に関わったのは、熊本県（令和元年11月6日）、佐賀県（令和2年2月5日）である。その際、県の担当を通して事前に、①スタートアップマニュアルを読んで来ること、②各市町村の人口、児童人口、出生数、子育て世代包括支援センター（以後、支援センター）の有無と設置予定年月日、支援拠点の有無と設置予定年月日、加えて各市町村における母子保健主管課、子ども・子育て主管課、児童虐待防止主管課、障害福祉主管課、学校教育主管課の設置状況が単独であるか、合同であるか、今後合同になる場合はその予定について、確認した。
　研修当日は、これらの資料を県の許可を得た上で、集まってくれた多くの市町村の担当皆で共有し、周辺市町村や県内各エリアの動向を確認した。

成果：「同じ県内でもエリアが離れているとどの様になっているか知
　　　らないことがあったが、現時点での県内の動向を知ることがで
　　　きて参考になった」などの意見があり、各自治体間の顔の見え

る交流と県の担当者との交流などが、同じ課題に取り組んでいる仲間として共有された。（その後の個人メールでの意見）

対策：熊本県は 14 市 28 町 8 村（計 45）、佐賀県は 10 市 10 町（計 20）であるが、両方とも小規模 A 型、特に出生数が 30 人以下の自治体もある中で、「現時点で国から示されている支援センターや支援拠点の話を聞いても、職員ひとりで子どもから高齢者の事業を担当しているところなど、何をどうして良いかイメージがわかない」、「最初の頃、研修を受けたが、自分の自治体で使える話はなかったので、その後研修には参加していなかった。今回、自分と同じような気持ちの人たちと率直に話せてよかった」等の意見が多くあった。

　鈴木も多くの自治体研修を繰り返す中で、この様な実態を早くより把握しており、今後の対策を検討しているところだが、これらの問題に障害児対策等ですでに前例のある広域での対応などが、社会的養育・養護対策では前例がないことを指摘している。今後、これらの認識があり、積極的に取り組みたいと考えている都道府県をピックアップして先駆的取組のモデル県の認定を国が行い、それに向けた支援に取り組むべきと考える。

対策：熊本県と佐賀県は当日使用したこれらの資料をこの意見書で使用することを許可してくれている。いくつかの都道府県で、この様なモデル事業を地域の強みを活かしながら、前向きに取り組んでいる例として掲げることとする。

　以下に掲載するパワーポイントは、令和 2 年 2 月 25 日に鈴木とともに開催した子ども家庭総合支援拠点マニュアル改定検討会議に提出した資料からの抜粋である。
　井上が行った熊本県や佐賀県との研修では、まず下記について説明した。
（1）子ども家庭総合支援拠点設置の背景と経緯、

(2) 市区町村における支援について
　①子育て世代包括支援センター（以後、支援センター）
　　：母子保健から始まる切れ目のない・顔の見える支援について
　②子ども家庭相談の流れと要支援・要保護の支援段階について
　③市区町村子ども家庭総合支援拠点（以後、支援拠点）
　④支援センター、支援拠点、利用者支援事業の位置関係
(3) 官民一体の支援作りのポイント（大分県中津市の実践から）

　ついで、それぞれの県の現状につき、前述の事前調査の結果をもとに下記のように整理して検討を行った。
(1) 行政の区割りについて
　①全県の市町村図に児童相談所の管轄地区で区割りをした図
　②全県の市町村図に2次医療圏の管轄地区で区割りをした図
　③全県の市町村図に教育事務所の管轄地区で区割りをした図
これらを比較しながら、住民の生活にやさしい区割りについて検討した。

　次に、熊本県は令和1年5月1日時点、佐賀県は平成30年10月1日時点でのデータをもとに、市町村ごとに前述の事前調査の結果を加えて整理した。

熊本県内14市　　令和元年5月1日現在

市名	人口	児童人口	出生数	支援拠点類型	子育て世代包括支援センター あり・なし	設置年月予定年月	子ども家庭相談支援拠点 あり・なし	設置年月予定年月
熊本市	740,822		6,824	大				
八代市	127,472	19,916	878	小C	なし	R2.4.1	なし	R4.4.1
人吉市	33,880	4,943	237	小A	あり	H29.4.1	なし	
荒尾市	53,407	8,141	436	小A	なし	R2.4.1	なし	R2.4.1
水俣市	25,411	3,414	144	小A	なし	R3.4	なし	R3.4
玉名市	66,782	10,719	481	小B	あり	H29.10.1	なし	R2.4.1
天草市	82,739	11,054	491	小B	なし	R2.4	なし	R2.4
山鹿市	52,264	7,956	337	小A	なし	令和2年予定	なし	未定
菊池市	48,167	7,714	349	小A	あり	H31年4月	なし	
宇土市	37,026	6,633	277	小A	あり	令和2年4月	あり	R2.4
上天草市	27,006	3,380	140	小A	なし	R3年3月31日	なし	R5.3.31
宇城市	59,756	9,173	843	小B	あり	H31.4	あり	H31.4
阿蘇市	26,153	3,938	205	小A	なし	R2.4.1	なし	
合志市	62,459	13,569	651	小B	なし		あり	H30.4.2

熊本県内14市　　令和元年5月1日現在

市名	人口	児童人口	支援拠点類型	子育て世代包括支援センター あり・なし	設置年月予定年月	子ども家庭相談支援拠点 あり・なし	設置年月予定年月	保健部局 ①母子保健主管課 単独・合同	児童福祉部局 ②子ども・子育て主管課 単独・合同	③児童虐待防止主管課 単独・合同	④障害福祉主管課 単独・合同	教育委員会部局 ⑤学校教育主管課 単独・合同
熊本市	740,822		大									
八代市	127,472	19,916	小C	なし	R2.4.1	なし	R4.4.1	単独	単独	単独	単独	単独
人吉市	33,880	4,943	小A	あり	H29.4.1	なし		単独	合同：②③④	合同：②③④	合同：②③④	単独
荒尾市	53,407	8,141	小A	なし	R2.4.1	なし	R2.4.1	合同①③	単独		単独	単独
水俣市	25,411	3,414	小A	なし	R3.4	なし	R3.4	単独	合同：①②③			単独
玉名市	66,782	10,719	小B	あり	H29.10.1	なし	R2.4.1	単独	合同②③		単独	単独
天草市	82,739	11,054	小B	なし	R2.4	なし	R2.4	単独	単独	合同②③	単独	単独
山鹿市	52,264	7,956	小A	なし	令和2年予定	なし	未定	単独	単独	合同④	合同③	単独
菊池市	48,167	7,714	小A	あり	H31年4月	なし		単独	合同②③	合同②③	単独	単独
宇土市	37,026	6,633	小A	あり	令和2年4月	あり	R2.4	単独	合同：②③		単独	単独
上天草市	27,006	3,380	小A	なし	R3年3月31日	なし	R5.3.31	単独	合同②③④	合同②③④	合同②③④	合同②③④
宇城市	59,756	9,173	小B	あり	H31.4	あり	H31.4	単独	合同（子育て支援課）	合同（子育て支援課）	単独	単独
阿蘇市	26,153	3,938	小A	なし	R2.4.1	なし		単独	合同：②③④	合同：②③④	合同：②③④	単独
合志市	62,459	13,569	小B	なし		あり	H30.4.2	単独	単独	単独	単独	単独

熊本県内31町村　　　　　　　　　　　　　　　　　令和元年5月1日現在

郡	町村名	人口	児童人口	支援拠点類型	子育て世代包括支援センター あり・なし	設置年月予定年月	子ども家庭相談支援拠点 あり・なし	設置年月予定年月	保健部局 ①母子保健担当 単独・合同	児童福祉部局 ②子ども・子育て支援担当 単独・合同	③児童虐待防止担当 単独・合同	庶務事務福祉など 単独・合同	教育委員会部局 ④学校教育担当 単独・合同
下益城	美里町	10,013	1,155	小A	なし	未定			合同:保険年金と	合同①④ 高齢者と			単独
玉名	玉東町	5,265	643	小A	あり	H27.4	あり	H29.4		合同			単独
	和水町	10,191	1,234	小A	なし	未定				合同①②③④			単独
	南関町	9,740	1,252	小A	あり	H29.4.1	あり	未定	合同	合同①②③④N/A・介護		合同	単独
	長洲町	15,889	2,346	小A	あり	H29.4.1	なし	R2.4.1					単独
菊池	大津町	33,452	7,489	小A	なし		なし		単独	合同	合同		単独
	菊陽町	41,622	8,828	小A	なし		なし		単独	合同	単独		単独
阿蘇	南小国町	4,028	519	小A	なし	令和2年度	なし	未定	単独	合同①②④			単独
	小国町	7,187	889	小A	なし	未定	なし	未定		合同①②③④			単独
	産山村	1,510	198	小A	なし	未定	なし	未定	合同①～④	合同①～④	合同①～④		単独
	高森町	6,397	814	小A	なし		なし		合同:介護、国保、年金、税、広報、戸籍と			合同:総合政策・生涯学習と	
	南阿蘇村	11,503	1,424	小A	なし	令和2年6月	なし		単独	単独	単独		単独
	西原村	6,802	1,171	小A	なし		なし		単独	単独	合同 高齢者と		単独
上益城	御船町	17,237	1,831	小A	なし	未定	なし	未定		合同①②③④			単独
	嘉島町	9,054	1,854	小A	なし	平成年4月予定	なし	未定	単独	合同①②			単独
	益城町	33,611	6,129	小A	あり	検討中	なし	検討中	合同	合同①②④	合同①②④		単独
	甲佐町	10,717	1,651	小A	なし		なし		合同	合同	合同		単独
	山都町	15,149	1,597	小A	なし		なし		単独	単独	単独		単独
八代	氷川町	11,944	1,747	小A	なし		なし		合同	合同①②	合同①②		単独
葦北	芦北町	17,661	2,143	小A	なし	H2.4	なし		単独	合同①②③④	合同①②③④		単独
	津奈木町	4,673	583	小A	なし		なし			合同①②③④			単独
球磨	錦町	10,786	1,936	小A	あり	2020年4月	あり	2022年4月		合同:相談窓口と主管轄と			単独
	あさぎり町	15,523	2,515	小A	なし	未定	なし	未定	単独	合同①②④			単独
	多良木町	9,791	1,426	小A	なし	H30.4	なし		単独	単独	単独		合同
	湯前町	3,985	493	小A	なし	(検討中)	なし	(検討中)	合同①②③④				合同
	水上村	2,232	339	小A	なし	本年度予定	なし		合同	合同			単独
	相良村	4,468	634	小A	なし	令和元年度	なし		合同	合同			合同
	五木村	1,055	109	小A	なし	令和元年度	なし	未定	合同	合同			単独
	山江村	3,422	602	小A	なし		なし		合同:①②③	合同①②③④		合同	単独
	球磨村	3,698	473	小A	なし	未定	なし		②～④合同	②～④合同			合同
天草	苓北町	7,739	969	小A	なし		なし		合同	合同	合同		合同

市区町村子ども家庭総合支援拠点

市町別年齢別人口（平成30年10月1日現在）

市町名	全人口	児童 乳児	幼児	少年	児童計	類型
佐賀市	234,342	1,927	12,098	24,346	38,371	中規模
唐津市	119,208	980	6,191	13,133	20,304	小規模C型
鳥栖市	74,137	687	4,306	9,138	14,131	小規模B型
多久市	18,880	110	789	1,830	2,729	小規模A型
伊万里市	53,955	452	2,986	5,928	9,366	小規模B型
武雄市	48,261	409	2,466	5,244	8,119	小規模A型
鹿島市	28,561	230	1,518	3,116	4,864	小規模A型
小城市	43,717	382	2,382	4,981	7,745	小規模A型
嬉野市	26,349	181	1,260	2,616	4,057	小規模A型
神埼市	31,306	225	1,472	3,346	5,043	小規模A型
吉野ヶ里町	16,338	155	931	1,875	2,961	小規模A型
基山町	17,371	136	831	1,663	2,630	小規模A型
上峰町	9,364	98	537	1,149	1,784	小規模A型
みやき町	25,229	224	1,243	2,348	3,815	小規模A型
玄海町	5,518	27	239	612	878	小規模A型
有田町	19,563	124	961	2,122	3,207	小規模A型
大町町	6,397	33	264	560	857	小規模A型
江北町	9,519	100	549	1,006	1,655	小規模A型
白石町	22,802	136	961	2,287	3,384	小規模A型
太良町	8,293	61	302	862	1,225	小規模A型

佐賀県人口移動調査（県統計分析課）より

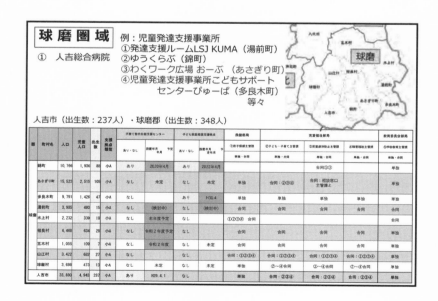

その後、小規模自治体における設置促進策の例として、熊本県球磨圏域を例として掲げ（下図）、

下記のような検討を行った。

説明の例

：たとえば、人吉市と球磨郡の1市4町5村、それぞれの市町村の要対協実務者会議ごとに、児相がスーパーバイズするのは大変な作業となる。出生数は人吉市が230人、球磨郡は350人なので、分けたとしても3箇所、できれば1箇所で合同で行う。それぞれの市町村ではケースが少なくても他の市町村のケースを通して、介入や支援のあり方などを学ぶことができる。

　現在、多くの母子保健事業で行われているEPDS高値など特定妊婦と断定できなくとも保健師による継続訪問が必要な事例は、一般統計で、こんにちは赤ちゃん訪問実施後で20％前後ある。4か月や7〜10か月の乳幼児健診後もフォローが必要なケースが8％前後あることを考えると、出生数が少ない地域では合同で行う意味があるはず。

　また、小規模市町村でよく耳にする、一人保健師や一人子ども家庭指導員、ケースワーカーなどの孤立化の問題も合同で行うことで、仲間と出会う機会が増え仕事を継続できたという意見もあった。

　井上が行った子ども家庭総合支援拠点に関する講演活動の内容も、今後、鈴木の動画と同様一体化して動画にして拠点理解周知に資するように配信していく予定である。

第8章

要綱等
（設置要綱・市町村子ども家庭支援指針（ガイドライン）一部抜粋・自治体向けFAQ・運用面の改善等）

1

設置要綱

雇児発０３３１　第４９号
平成２９年３月３１日

都道府県知事
各　指定都市市長　殿
中核市市長

厚生労働省雇用均等・児童家庭局長
（公印省略）

市区町村子ども家庭総合支援拠点の設置運営等について

　平成 28 年５月に成立した「児童福祉法等の一部を改正する法律」（平成 28 年法律第 63 号）において、基礎的な地方公共団体である市町村は、子どもの最も身近な場所における子ども及び妊産婦の福祉に関する支援業務を適切に行わなければならないことが明確化され、子どもとその家庭及び妊産婦等を対象に、実情の把握、子ども等に関する相談全般から通所・在宅支援を中心としたより専門的な相談対応や必要な調査、訪問等による継続的なソーシャルワーク業務までを行う機能を担う拠点（市区町村子ども家庭支援拠点。以下「支援拠点」という。）の整備に努めなければならないと規定された。当該支援拠点における運営に関する基準及び設備について、別添のとおり「市区町村子ども家庭総合支援拠点設置運営要綱」を定め、平成 29 年４月１日から実施することとしたので、その適正かつ、円滑な実施を期されたく通知する。

　ついては、各都道府県知事におかれては、貴管内市町村長（指定都市市長及び中核市市長を除き、特別区を含む。）への周知につきご配慮願いたい。

　また、「市町村における児童等に対する必要な支援を行うための拠点の整備について」（平成 28 年 12 月 16 日付け雇児発 1216 第３号厚生労働省雇用均等・児童家庭局長通知）は廃止する。

　なお、本通知は、地方自治法（昭和 22 年法律第 67 号）第 245 条の４第１項の規定に基づく技術的な助言である。

「市区町村子ども家庭総合支援拠点」設置運営要綱

1．趣旨・目的
（1）平成28年に成立した児童福祉法等の一部を改正する法律（平成28年法律第63号。
　　以下「平成28年児童福祉法等改正法」という。）において、市区町村は、子どもが心
　　身ともに健やかに育成されるよう、基礎的な地方公共団体として、子ども及び妊産婦
　　の福祉に関し、必要な実情の把握に努め、情報の提供を行い、家庭その他からの相談
　　に応じ、調査及び指導を行うとともに、その他の必要な支援に係る業務を適切に行わ
　　なければならないことが明確化された。
（2）また、都道府県（児童相談所）が虐待相談を受けて対応したケースのうち多くは、
　　施設入所等の措置を採るに至らず在宅支援となっているが、その後に重篤な虐待事例
　　が生じる場合が少なくない実態がある。市区町村が、身近な場所で、子どもやその保
　　護者（親権を行う者、未成年後見人その他子どもを現に監護する者。以下同じ。）に寄
　　り添って継続的に支援し、子ども虐待の発生を防止することが重要であるため、市区
　　町村を中心とした在宅支援の強化を図ることが盛り込まれている。
（3）市区町村は、すべての子どもの権利を擁護するために、子どもの最も身近な場所に
　　おける子どもの福祉に関する支援等に係る業務を行うことが役割・責務とされている
　　ことを踏まえ、子どもとその家庭及び妊産婦等を対象に、実情の把握、子ども等に関
　　する相談全般から通所・在宅支援を中心としたより専門的な相談対応や必要な調査、
　　訪問等による継続的なソーシャルワーク業務までを行うことが求められている。
　　　このため、市区町村は、地域のリソースや必要なサービスと有機的につないでいく
　　ソーシャルワークを中心とした機能を担う拠点（市区町村子ども家庭総合支援拠点。
　　以下「支援拠点」という。）の設置に努めるものとする。
（4）本設置運営要綱は、支援拠点が、福祉、保健・医療、教育等の関係機関と連携しな
　　がら、責任を持って必要な支援を行うことを明確化するとともに、子育て世代包括支
　　援センターや要保護児童対策地域協議会（以下「地域協議会」という。）・要保護児童
　　対策調整機関との関係整理や児童相談所との連携、協働のあり方など、適切な運営が
　　行われるようにするための基本的考え方を示すものである。

2．実施主体
　　支援拠点の実施主体は、市区町村（一部事務組合を含む。以下同じ。）とする。
　　ただし、市区町村が適切かつ確実に業務を行うことができると認めた社会福祉法人等
　　にその一部を委託することができる。
　　また、委託先の選定に当たっては、支援拠点が子どもとその家庭及び妊産婦等の個人
　　情報を取り扱うことになるため、徹底した情報の管理や知り得た内容を外部に漏らすこ
　　とがないように守秘義務の徹底等を図る体制が整備されている委託先を選定する必要が
　　ある。その際、市区町村は、支援内容の役割分担や個人情報の取扱いなどについて、支
　　援拠点に係る条例や規則等で定め、委託先の社会福祉法人等が適切に業務を行うことが

　できるよう援助する必要がある。さらに、委託先が行った業務の結果の把握と管理など、業務を適正に行う責任及び最終的に判断を行う責任は市区町村にあるため、委託先と緊密に連携し、信頼関係を構築する必要がある。

　また、小規模や児童人口が少ない市区町村においては、複数の地方自治体が共同で設置することも可能である。

3．対　　象

　市区町村（支援拠点）は、管内に所在するすべての子どもとその家庭（里親及び養子縁組を含む。以下同じ。）及び妊産婦等を対象とする。

4．業務内容

　市区町村（支援拠点）は、コミュニティを基盤にしたソーシャルワークの機能を担い、すべての子どもとその家庭及び妊産婦等を対象として、その福祉に関し必要な支援に係る業務全般を行う。

　また、その支援に当たっては、子どもの自立を保障する観点から、妊娠期（胎児期）から子どもの社会的自立に至るまでの包括的・継続的な支援に努める。

　さらに、平成28年児童福祉法等改正法を踏まえ、要支援児童若しくは要保護児童及びその家庭又は特定妊婦等（以下「要支援児童及び要保護児童等並びに特定妊婦等」という。）を対象とした、「（２）要支援児童及び要保護児童等並びに特定妊婦等への支援業務」について強化を図る。

（1）子ども家庭支援全般に係る業務

　①　実情の把握

　　　子どもの権利を保障するためには、市区町村に在住するすべての子どもとその家庭及び妊産婦等に関し、母子保健事業に基づく状況、親子関係、夫婦関係、きょうだい関係、家庭の環境及び経済状況、保護者の心身の状態、子どもの特性などの養育環境全般について、家庭全体の問題として捉え、関係機関等から必要な情報を収集するとともに、インフォーマルなリソースも含めた地域全体の社会資源の情報等の実情の把握を継続的に行う。

　　　その際、保育所・幼稚園、学校等に在籍していない子どもや「居住実態が把握できない児童」にも留意して把握に努める。

　②　情報の提供

　　　子どもとその家庭及び妊産婦等が自主的に活用できるように、当該地域の実情や社会資源等に関する情報の提供を行うとともに、関係機関にも連携に資するその福祉に関する資源や支援等に関する情報の提供を行う。特に、子ども自身が利用しやすいような社会資源に関する情報の提供の仕方を工夫するべきである。

　　　一方、関係機関への個人情報の提供に関しては、法律を遵守するとともに、④の総合調整を行う際にも、その方法について工夫する必要がある。

　③　相談等への対応

　　　子どもとその家庭及び妊産婦等や関係機関等から、一般子育てに関する相談から

養育困難な状況や子ども虐待等に関する相談まで、また妊娠期（胎児期）から子どもの自立に至るまでの子ども家庭等に関する相談全般に応じる。

その対応に際して、まずは、子どもとその家庭及び妊産婦等からの相談を受けやすい体制や遅滞なく適切に対応する体制を整備して、相談に応じることが必要である。

相談対応に当たっては、常に子どもの権利保障という目的を意識する必要があるため、適切に相談者のニーズを把握し、それに応じたカウンセリング等の支援を行うとともに、子ども・子育て支援施策に係る市区町村事業（利用者支援事業（基本型）など）を十分に活用することが必要であり、さらに密接に連携する必要がある母子保健施策や障害児・者支援施策に係る市区町村事業の活用を図ることが求められる。当該家庭に関わる場合には、生活保護や高齢者等の福祉施策との連携、民生委員・児童委員（主任児童委員）、妊娠相談や子育て支援などを行う民間団体等の社会資源も活用して、相談者のニーズに応じた支援を行うとともに、学齢期の子どもへの対応では、いじめ等の問題への取組や特別支援教育等の教育関連施策との連携も視野に相談対応を行うなど、妊娠期（胎児期）から子どもの自立までに関わる社会資源の機能を的確に把握し、十分な連携を図りながら相談対応、支援を行う。

また、児童福祉法（昭和22年法律第164号。以下「法」という。）第25条に基づく要保護児童を発見した者からの通告及び児童虐待の防止等に関する法律（平成12年法律第82号。以下「児童虐待防止法」という。）第6条第1項に基づく子ども虐待を受けたと思われる子どもを発見した者からの通告や、法第21条の10の5第1項に基づく要支援児童及び要保護児童等並びに特定妊婦と思われる者を把握した関係機関等からの情報の提供を受け、その場合には、（2）の対応を行う。

さらに、法第26条第1項第3号に基づく児童相談所からの送致や、法第26条第1項第5号及び第8号に基づく通知を受け、その場合には、児童相談所を含む関係機関と連携して、必要な支援等を行う。

④　総合調整

個々のニーズ、家庭の状況等に応じて最善の方法で課題解決が図られるよう、支援を行うことと併せ、関係機関等と緊密に連携し、地域における子育て支援の様々な社会資源を活用して、適切な支援に有機的につないでいくため、支援内容やサービスの調整を行い、包括的な支援に結び付けていく適切な支援を行う。関係機関等との連携においても、常に子どもの権利が守られているかの評価を常に怠らずに支援を継続することが求められる。

特に、要支援児童及び要保護児童等並びに特定妊婦等に関しては、支援拠点が中核となって必要な支援を行うとともに、関係機関でサービスを分担する際には、責任を明確にして、円滑なサービス提供を行う。

（2）要支援児童及び要保護児童等並びに特定妊婦等への支援業務

要支援児童及び要保護児童等並びに特定妊婦等への支援における子ども家庭相談の流れ（全体像）としては、相談・通告を受け、事前の情報収集を基に（緊急）受理会議を行い、受理会議で検討された、当該ケースについての事実関係を整理するための

調査等を実施し、当該調査等の結果を踏まえたアセスメント（情報を分析し見解をまとめたもの）を基に、ケース検討会議（支援方針会議）による支援方針の決定、支援計画の作成を行い、支援を実行し、その後のケースの進行管理及び支援終結の判断を行うというものであり、具体的な対応は以下のとおりである。

① 相談・通告の受付

相談・通告を受け、問題の内容など必要な情報を把握する。また、必要に応じて指導、助言を行う。

② 受理会議（緊急受理会議）

受け付けたケースのうち、継続的な関与が必要なケースなどについて協議を行い、当面の方針や主たる担当者、調査の範囲等を決定する。また、緊急に受理会議を開催する必要がある場合には、随時、緊急受理会議を開催する。

受理会議（緊急受理会議）の結果、緊急に児童相談所へ送致すべきケースについては速やかに児童相談所に送致する。

③ 調　　査

関係機関等に協力を求め、家庭の生活状況や得られた情報に関する事実把握を行った上で、要支援児童及び要保護児童等並びに特定妊婦等と判断した子どもとその家庭及び妊産婦等に関しては、子どもの状況、保護者の状況、親子関係等の家庭環境、家庭とその支援体制の状況及び地域との関係等に関する情報や要支援児童及び要保護児童等並びに特定妊婦等に至った経緯の把握等の必要な調査を行う。特に、子どもの安全に関する緊急度やリスク、支援のためのニーズなどを把握することを意識して調査を行う。

④ アセスメント

③の調査によって得られた情報を基に、家庭、子ども、保護者、妊婦、親子関係、地域との関係及び支援の状況等の評価を行い、要支援児童及び要保護児童等の場合は、特に、子どもの心身の安全に関する緊急度とリスク及び子どもと家庭のニーズを的確に把握することはその後の対応に重要であり、支援計画の作成に資する総合的かつ複数の職員による多角的なアセスメントを行う。また、必要に応じて、地域協議会の個別ケース検討会議を開催し、情報を共有する。

⑤ 支援計画の作成等

必要に応じた関係機関等との連携を行い、子どもの権利を守るための支援方針や支援の内容を具体的に実施していくための支援計画を作成する。その作成に当たっては、④のアセスメントに基づき、問題に至ったプロセスを考え、それを改善するための支援目標を設定する。その際、可能な限り子ども、保護者及び妊婦の意見や参加を求め、保護者に左右されずに子どもの意見を聞く配慮が必要である。

また、支援計画を立てる際に、支援の過程で危機状態に至る可能性があることを常に念頭に置き、子どもの心身の安全が脅かされている、若しくはその可能性が高くなっている時の対応を定めておく必要がある。なお、支援を有効に行うために、保護者に支援計画に関して説明しない方が良いと考えられる場合には、関係機関間でその点についての合意形成を図る必要がある。

さらに、⑥の支援及び指導等を行いながら、必要に応じて、定期的（3か月に1

回程度)にケースの変化や支援目標の到達状況について、組織的に確認し、支援内容の見直しを行う。そのおおよその時期も支援計画に定めておくことが望ましい。

⑥ 支援及び指導等

ア 支援の内容

　支援計画に基づき、支援は、子どもへの支援、保護者への支援、家族への支援、周囲を含めた社会への支援を行う。妊産婦の場合も、妊産婦本人への支援、家族への支援、周囲への支援を行う必要がある。支援には、電話、面接等の適切な方法による助言指導や継続的な支援、関係機関と役割分担して行う支援、通所、訪問等の方法による継続的な養育支援やカウンセリング、ソーシャルワーク等がある。

　また、必要に応じて関係機関と協議、調整した上で、要支援児童及び要保護児童等並びに特定妊婦等への在宅支援サービス（養育支援訪問事業、ショートステイ事業、保育所、一時預かり事業、子育て援助活動支援事業（ファミリー・サポート・センター事業）等）の提供や、障害児・者施策、生活困窮者施策、ひとり親支援施策等のサービスを活用するとともに、身近で利用しやすい社会資源を活用して効果的な在宅支援を行う。

　さらに、相談対応から支援及び指導等に至る一連の過程が理解でき、継続的に支援できるよう、要支援児童及び要保護児童等並びに特定妊婦等に関する支援経過や関係機関間の情報のやり取りなどの記録を作成し、管理・保管する。

　また、必要に応じて、児童相談所で対応している施設入所等の措置を行っている子どもの保護者やその家庭の支援についても、家庭復帰支援の一環として児童相談所と連携しながら対応する。

イ 都道府県（児童相談所）の指導措置について委託を受けて対応するもの

　市区町村（支援拠点）の子どもに関する相談・通告への対応としては、市区町村自らが中心となって対応するもの、児童相談所等にケースを送致するもの、及び都道府県（児童相談所）の指導措置について委託を受けて対応するものの3つに大きく分かれる。その中で、平成28年児童福祉法等改正法において、市区町村を中心とした在宅支援を強化する一環として、都道府県（児童相談所）による指導措置について、委託先として市町村が追加され、法第26条第1項第2号及び法第27条第1項第2号に基づき、都道府県（児童相談所）による指導措置の委託を受けて市区町村が行う指導（以下「市区町村指導」という。）は、在宅での支援が行き届いていない子ども、支援を適切に受け入れられない保護者又は家庭等や、継続的に寄り添った支援が適当と考えられる事例に対し、都道府県（児童相談所）の措置という行政処分を背景に行うものであり、都道府県（児童相談所）から委託を受けた市区町村（支援拠点）では、以下の事項に留意し、児童相談所と常に協働して市区町村指導を実施する。

（ア）市区町村（支援拠点）は、都道府県（児童相談所）の措置による児童福祉司指導という枠組みの中で委託を受けて、子どもや保護者等の家庭を訪問し、家事援助等の支援や必要に応じ通所による支援等の市区町村指導（以下「市区町村による支援等」という。）を実施する。また、児童相談所と情報を共有し、参

　　　考となる事項を詳細に把握するとともに、児童相談所と市区町村の役割を明確
　　　にし、協働して支援計画を作成し、共有する。
　（イ）市区町村による支援等を行うに当たっては、頻回に児童相談所と情報を共有
　　　し、その有効性を判断する。また、市区町村による支援等の趣旨の徹底を図る
　　　必要がある場合には、児童相談所が当該家庭に対して当該措置に関する理解を
　　　促す対応を行うよう、児童相談所と協議を行うとともに、児童相談所の介入的
　　　な対応と並行して市区町村による支援等を行う。
　（ウ）当該措置の解除又は変更に当たっては、事前に都道府県（児童相談所）と市
　　　区町村（支援拠点）とが十分協議を行う必要がある。また、市区町村による支
　　　援等の結果、市区町村（支援拠点）が当該措置の解除又は変更を適当と認めた
　　　場合にも、児童相談所と協議を行い、措置の解除又は変更を促す。
　⑦　児童記録票の作成
　　　支援の方針や見直し、あるいは子ども家庭支援員等の不在時の対応や異動の場合
　　など、そのケースに関する記録がないと適切な対応ができないため、ケースの概要
　　や支援過程が理解できるよう、世帯ごとではなく相談を受理した子どもごとに児童
　　記録票を作成し、管理・保管することが必要である。
　　　妊婦に関する相談・通告のうち子どもが出生後に要支援児童又は要保護児童とし
　　ての支援の必要が見込まれる場合は、受理した段階で児童記録票を作成し、妊婦自
　　身に関する記録を残し、子どもが出生した段階で子どもに関する記録を加えること
　　とし、一貫した支援の経過を残す。
　⑧　支援の終結
　　　市区町村（支援拠点）は、相談を終結する場合、その理由を明確にし、記録に残
　　しておく（日時、構成員、終結理由・根拠等）とともに、児童相談所を含めた関係
　　機関が連携して対応していたケースの場合は、終結の方針を決定する前に、担当者
　　間で遅延なく連絡・協議するなど、情報を共有し合意形成を図ることが重要である。ま
　　た、地域協議会の実務者会議を通じて、関係機関に漏れなく終結することを報告す
　　る。

（3）関係機関との連絡調整
　①　要保護児童対策地域協議会の活用
　　　地域協議会の対象ケースに関しては、進行管理を行う会議など実務者会議等を通
　　じて、要支援児童及び要保護児童等並びに特定妊婦等に関する情報の交換及び共有
　　や支援内容の協議等を行う地域協議会を構成する関係機関等との連絡調整を密に行
　　う。特に、多機関連携においては、常に子どもの権利を意識したアセスメントや支
　　援計画を共有し、すべての機関において、子どもの権利擁護の考えを浸透させ、そ
　　れに基づく評価を行うことが求められる。
　②　児童相談所との連携、協働
　　ア　支援拠点と児童相談所は、個々のケースの状況等により、役割分担・連携を図
　　　りつつ、常に協働して支援を行うこととし、定例的に情報交換や連絡調整の機会
　　　を設けるなど、日頃から良好なコミュニケーションを図る必要がある。

イ　また、ケースが関係機関の隙間に落ちたり、責任の所在が曖昧になることを防ぐため、必ず主担当機関を定め、緊密な連携のもとに援助又は支援を行う。その際、ケース対応に関する共通理解や問題認識の共有、円滑な情報共有を図り、遅延なく初期対応に当たる必要がある。その後のケース対応においても、児童相談所と認識を共有しながら、相互の意見が違ったときに、ケースの客観的な見立ての見直しを行う。

③　他関係機関、地域における各種協議会等との連携

子どもの権利を守るための支援業務を円滑かつ効率的に実施するために、保健所、市町村保健センター、民生委員・児童委員（主任児童委員）、教育委員会、学校、医療機関、幼保連携型認定こども園、児童福祉施設・里親、養子縁組家庭、地域子ども・子育て支援事業実施機関、障害児・者相談支援事業所、障害児通所支援事業所、発達障害者支援センター、子ども・若者総合相談センター、地域若者サポートステーション、警察、少年サポートセンター、子ども・若者支援地域協議会、（地域自立支援）協議会その他地域の関係機関、地域における各種協議会等との連携の確保に努める。

（4）その他の必要な支援

①　児童相談所が一時保護又は施設入所等の措置を解除した後の子ども等が、新しい生活環境の下で安定した生活を継続していくために、児童相談所は、解除前の早い段階から、支援拠点に必要な情報を提供するとともに、家庭復帰について協議することが必要である。このため、解除前に児童相談所と支援拠点並びに関係機関とで個別ケース検討会議を開催する必要がある。

また、支援拠点は、児童相談所と十分に連携を図り、必要に応じて、地域協議会（進行管理を行う会議など実務者会議等）の活用などにより、子どもや家族からの相談や定期的な訪問等を行うなどのアフターケアを行う。

②　子どもを養育している里親、養子縁組里親の家庭や養子縁組家庭が、地域において社会的につながりを持ち、孤立しないために、支援拠点は、地域の社会資源の活用や、役所の手続が円滑に進むよう、児童相談所や関係機関と連携して必要な支援を行う。

③　不良行為に関する相談など非行相談の対応に当たっては、子どもの行動特性のアセスメントとともに、家族、学校、警察、子どもの生活と関係のある場や機関との協働が重要である。さらに、子どもとその保護者が地域において孤立することなく支援を受けながら生活が続けられるよう、関係機関が連動できるように、市区町村は積極的に支援する必要がある。

5．設置形態等

（1）類　　型

支援拠点は、児童人口規模に応じて、

①　小規模型【小規模市・町村部】

ア　小規模Ａ型：児童人口概ね0.9万人未満（人口約5.6万人未満）

　　　イ　小規模 B 型：児童人口概ね 0.9 万人以上 1.8 万人未満（人口約 5.6 万人以上約
　　　　　11.3 万人未満）

　　　ウ　小規模 C 型：児童人口概ね 1.8 万人以上 2.7 万人未満（人口約 11.3 万人以上約
　　　　　17 万人未満）

　②　中規模型【中規模市部】：児童人口概ね 2.7 万人以上 7.2 万人未満（人口約 17 万
　　　人以上約 45 万人未満）

　③　大規模型【大規模市部】：児童人口概ね 7.2 万人以上（人口約 45 万人以上）

の 5 類型に区分する。

　　また、地域の実情に応じて、小規模型の小規模市・町村部においては、2 次医療圏を単位とした広域での設置、中規模型及び大規模型の市部においては、区域等に応じて複数の支援拠点の設置などの方法も考えられる。特に、指定都市においては、行政区ごとに設置することが求められる。

（2）運営方法等

　　地域の実情に応じた多様な運営方法等を工夫することができる。

　①　要保護児童対策地域協議会との関係

　　　支援拠点は、地域協議会に参加する多くの関係機関の役割や責務を明確にし、その機能を最大限に発揮できるよう、あらゆる場面で調整力を発揮し、地域の総合力を高めていくことが求められている。また、関係機関相互の円滑な連携・協力を図り、具体的な支援に結び付けていく役割も担っているため、法第 25 条の 2 第 5 項に基づく、支援対象児童等に対する支援の実施状況を的確に把握し、児童相談所、養育支援訪問事業を行う者その他の関係機関等との連絡調整を行う「要保護児童対策調整機関」を担うことが求められる。

　②　子育て世代包括支援センター（利用者支援事業（母子保健型））との関係

　　　支援拠点は、特定妊婦等を対象とした相談支援等を行う役割も担っているため、子育て支援施策と母子保健施策との連携、調整を図り、より効果的な支援につなげるために、同一の機関が、支援拠点と子育て世代包括支援センターの 2 つの機能を担い、一体的に支援を実施することが求められる。

　　　また、支援拠点と子育て世代包括支援センターをそれぞれ別の機関が機能を担う場合には、適切に情報を共有するとともに、子どもの発達段階や家庭の状況等に応じて連携して対応し、継続した支援が行えるような体制を整備（それぞれ別の機関が機能を担うことによる漏れを防止するため、担うべき機能を所掌事務等で明確化するなど）することが必要である。

　③　利用者支援事業（基本型）との関係

　　　支援拠点は、一般子育てに関する相談などにも応じ、適切な支援に有機的につないでいく役割も担っているため、子ども・子育て支援法（平成 24 年法律第 65 号）第 59 条に規定する地域子ども・子育て支援事業やその他の子ども・子育て支援を円滑に利用できるようにするには、利用者支援事業実施機関と適切に情報を共有するとともに、子どもの発達段階や家庭の状況等に応じて連携して対応し、継続した支援が行えるよう、有効な社会資源の一つとして活用することが求められる。

④ 家庭児童相談室との関係
　　支援拠点は、通所・在宅支援を中心としたより専門的な相談対応を行う役割も担っており、福祉事務所の家庭児童福祉に関する専門的技術を必要とする相談指導業務を行う既存の家庭児童相談室の機能を包含することにもなるため、家庭児童相談室の機能を核として支援拠点の機能を拡充していくことも想定される。
⑤ 庁内の関係部局との関係
　　支援拠点は、子どもとその家庭及び妊産婦等の状況に応じて、様々な社会資源を活用して、有機的につなげ、包括的な支援に結び付けていく役割も担っているため、庁内の関係部局、特に、保健担当部局（母子保健、精神保健、地域保健）、教育担当部局（生徒指導、特別支援教育）、福祉担当部局（障害児・者福祉、生活保護、生活困窮者自立支援制度、母子福祉、地域福祉、高齢者福祉）、青少年担当部局（青少年育成、若者支援）、総務担当部局（住民基本台帳、戸籍担当）とは、情報の共有を含む緊密な連携が不可欠であり、これらを相互に結び付けるネットワークの中核機関となることが求められる。

6．職員配置等
（1）主な職員
　　支援拠点には、原則として、①子ども家庭支援員、②心理担当支援員、③虐待対応専門員の職務を行う職員を置くものとし、必要に応じて、④安全確認対応職員、⑤事務処理対応職員を置くことができる。

（2）主な職務、資格等
　　職員のそれぞれの主な職務、資格等については、以下のとおりとする。
① 子ども家庭支援員
　ア　主な職務
　（ア）実情の把握
　（イ）相談対応
　（ウ）総合調整
　（エ）調査、支援及び指導等
　（オ）他関係機関等との連携
　イ　資格等
　　　社会福祉士、精神保健福祉士、医師、保健師、保育士等（別表の1参照）
　　　なお、当分の間、厚生労働大臣が定める基準に適合する研修を受けた者も認めることとする。
② 心理担当支援員
　ア　主な職務
　（ア）心理アセスメント
　（イ）子どもや保護者等の心理的側面からのケア
　イ　資格等
　　　大学や大学院において、心理学を専修する学科又はこれに相当する課程を修め

　　　て卒業した者等
　③　虐待対応専門員
　　ア　主な職務
　　（ア）虐待相談
　　（イ）虐待が認められる家庭等への支援
　　（ウ）児童相談所、保健所、市町村保健センターなど関係機関との連携及び調整
　　イ　資格等
　　　　社会福祉士、精神保健福祉士、医師、保健師等（別表の２参照）
　　　　なお、当分の間、厚生労働大臣が定める基準に適合する研修を受けた者も認め
　　　ることとする。

（3）配置人員等
　　　5（1）の類型ごとに、主な職員のそれぞれの最低配置人員等を定めることとし、
　①　小規模型
　　ア　小規模A型：子ども家庭支援員を常時２名（１名は非常勤形態でも可）の常時
　　　　　　　　　　計２名以上
　　イ　小規模B型：子ども家庭支援員を常時２名（１名は非常勤形態でも可）、虐待対
　　　　　　　　　　応専門員を常時１名（非常勤形態でも可）の常時計３名以上
　　ウ　小規模C型：子ども家庭支援員を常時２名（１名は非常勤形態でも可）、虐待対
　　　　　　　　　　応専門員を常時２名（非常勤形態でも可）の常時計４名以上
　②　中規模型：子ども家庭支援員を常時３名（１名は非常勤形態でも可）、心理担当支
　　　　　　　　援員を常時１名（非常勤形態でも可）、虐待対応専門員を常時２名（非
　　　　　　　　常勤形態でも可）の常時計６名以上
　③　大規模型：子ども家庭支援員を常時５名（１名は非常勤形態でも可）、心理担当支
　　　　　　　　援員を常時２名（非常勤形態でも可）、虐待対応専門員を常時４名（非
　　　　　　　　常勤形態でも可）の常時計 11 名以上
　を配置するなどを標準とする。（別紙の１参照）
　　　ただし、小規模B型以上の類型かつ児童千人当たりの児童虐待相談対応件数が全国
　平均を上回る市区町村（支援拠点）は、児童相談所の児童福祉司の配置基準の算定を
　準用した算式（別紙の２参照）で算定された人数を、虐待対応専門員の類型ごとの最
　低配置人員に上乗せして配置することを標準とする。
　　　また、平成 28 年児童福祉法等改正法の趣旨を踏まえ、市区町村の虐待対応担当窓口の
　一層の体制強化を図り、現行の水準を下回ることがないように努める必要がある。な
　お、福祉事務所に設置している家庭児童相談室の職員（家庭児童福祉の業務に従 事
　する社会福祉主事及び家庭児童福祉に関する相談指導業務に従事する職員（家庭相
　談員））と兼務することも可能である。

（4）人材育成
　　　市区町村は、支援拠点に配置する職員の計画的な育成に努め、人事異動等によって
　質の低下を招くことがないよう、効果的かつ計画的なローテーションに配慮しつつ、

社会福祉士等の資格等の取得や、研修受講やスキルアップのための自己研鑽等を行う
職員に対する必要な支援など、職員の資質の向上に努めることが求められる。

7．設備・器具
（1）設備等
　　支援拠点には、相談室（相談の秘密が守られること）、親子の交流スペース、事務室、
その他必要な設備を設けることを標準とする。
　　なお、支援拠点としての機能を効果的に発揮するためには、一定の独立したスペー
スを確保することが望ましい。
　　ただし、新たに施設を設置（整備）するのではなく、既存のサービス提供機関の機
能を活用して実施することも可能である。

（2）器具等
　　支援拠点には、記録や文書作成に必要な物品のほか、各部屋にはその目的を達成す
るために必要な器具、調度品等を備えておく。
　　特に、虐待相談・通告受付票、支援計画及び児童記録票などは、多くの個人情報が
含まれ、特に子どもや保護者等の支援経過などプライバシーに関わる極めて重要な書
類であるとともに、ケースとして終結した後も再び対応することもあり得るため、長
期保存とすることも想定し、鍵のかかる書庫等に厳重に保管しておくことが必要であ
る。
　　なお、廃棄する際にも、行政文書として適正な手続を経て、処分を行う。
　　また、業務効率化のため、コンピューター等のＯＡ機器の設置が望ましく、虐待相
談・通告受付票等の相談記録等は電子ファイルとして整理を進めていくことが求めら
れる。

8．留意事項
　　支援拠点の運営には、支援拠点を含む市区町村における子ども家庭支援の基本的考え
方や求められる専門性、支援業務の具体的な内容等を網羅的にまとめた「市町村子ども
家庭支援指針」（ガイドライン）（平成 29 年 3 月 31 日付け雇児発 0331 第 47 号本職通知）
を併用して、すべての子どもが適切な養育を受け、健やかな成長・発達や自立等を保障
され、その持てる力を最大限に発揮することができるよう子ども及びその家庭を支援す
ることを目的とし、常に子どもの安全の確保を念頭に置くことはもちろんのこと、子ど
もの最善の利益を優先して考慮し、行われることが必要である。

9．費　　用
　　支援拠点の運営に要する費用の一部について、国は予算の範囲内において別に定める
ところにより補助するものとし、その内容については、「児童虐待防止対策支援事業の実
施について」（平成 17 年 5 月 2 日付け雇児発 0502001 号本職通知）等のとおりとする。

（別表）

1．「子ども家庭支援員」の資格等

（1）都道府県知事の指定する児童福祉司若しくは児童福祉施設の職員を養成する学校その他の施設を卒業し、又は都道府県知事の指定する講習会の課程を修了した者
（2）学校教育法（昭和 22 年法律第 26 号）に基づく大学又は旧大学令（大正 7 年勅令第 388 号）に基づく大学において、心理学、教育学若しくは社会学を専修する学科又はこれらに相当する課程を修めて卒業した者であって、厚生労働省令で定める施設において 1 年以上児童その他の者の福祉に関する相談に応じ、助言、指導その他の援助を行う業務（以下「相談援助業務」という。）に従事したもの
（3）医師
（4）社会福祉士
（5）社会福祉主事として 2 年以上児童福祉事業に従事した者であって、厚生労働大臣が定める講習会の課程を修了したもの
（6）学校教育法による大学において、心理学、教育学若しくは社会学を専修する学科又はこれらに相当する課程において優秀な成績で単位を修得したことにより、同法第 102 条第 2 項の規定により大学院への入学を認められた者であって、指定施設において 1 年以上相談援助業務に従事したもの
（7）学校教育法による大学院において、心理学、教育学若しくは社会学を専攻する研究科又はこれらに相当する課程を修めて卒業した者であって、指定施設において 1 年以上相談援助業務に従事したもの
（8）外国の大学において、心理学、教育学若しくは社会学を専修する学科又はこれらに相当する課程を修めて卒業した者であって、指定施設において 1 年以上相談援助業務に従事したもの
（9）社会福祉士となる資格を有する者（（4）に規定する者を除く。）
（10）精神保健福祉士となる資格を有する者
（11）保健師
（12）助産師
（13）看護師
（14）保育士
（15）教育職員免許法（昭和 24 年法律第 147 号）に規定する普通免許状を有する者
（16）社会福祉主事たる資格を得た後の次に掲げる期間の合計が 2 年以上である者であって、厚生労働大臣が定める講習会の課程を修了したもの
　①　社会福祉主事として児童福祉事業に従事した期間
　②　児童相談所の所員として勤務した期間
（17）社会福祉主事たる資格を得た後 3 年以上児童福祉事業に従事した者（（16）に規定する者を除く。）
（18）児童福祉施設の設備及び運営に関する基準（昭和 23 年厚生省令第 63 号）第 21 条第 6 項に規定する児童指導員

2．「虐待対応専門員」の資格等

（1）都道府県知事の指定する児童福祉司若しくは児童福祉施設の職員を養成する学校その他の施設を卒業し、又は都道府県知事の指定する講習会の課程を修了した者
（2）学校教育法に基づく大学又は旧大学令に基づく大学において、心理学、教育学若しくは社会学を専修する学科又はこれらに相当する課程を修めて卒業した者であって、厚生労働省令で定める施設において1年以上相談援助業務に従事したもの
（3）医師
（4）社会福祉士
（5）社会福祉主事として2年以上児童福祉事業に従事した者であって、厚生労働大臣が定める講習会の課程を修了したもの
（6）学校教育法による大学において、心理学、教育学若しくは社会学を専修する学科又はこれらに相当する課程において優秀な成績で単位を修得したことにより、同法第102条第2項の規定により大学院への入学を認められた者であって、指定施設において1年以上相談援助業務に従事したもの
（7）学校教育法による大学院において、心理学、教育学若しくは社会学を専攻する研究科又はこれらに相当する課程を修めて卒業した者であって、指定施設において1年以上相談援助業務に従事したもの
（8）外国の大学において、心理学、教育学若しくは社会学を専修する学科又はこれらに相当する課程を修めて卒業した者であって、指定施設において1年以上相談援助業務に従事したもの
（9）社会福祉士となる資格を有する者（（4）に規定する者を除く。）
（10）精神保健福祉士となる資格を有する者
（11）保健師
（12）助産師
（13）看護師
（14）保育士であって、指定施設において2年以上相談援助業務に従事したものであり、かつ、指定講習会の課程を修了したもの
（15）教育職員免許法に規定する普通免許状を有する者
（16）社会福祉主事たる資格を得た後の次に掲げる期間の合計が2年以上である者であって、厚生労働大臣が定める講習会の課程を修了したもの
　　①　社会福祉主事として児童福祉事業に従事した期間
　　②　児童相談所の所員として勤務した期間
（17）社会福祉主事たる資格を得た後3年以上児童福祉事業に従事した者（（16）に規定する者を除く。）
（18）児童福祉施設の設備及び運営に関する基準第21条第6項に規定する児童指導員

（別紙）

1．主な職員の最低配置人員

	子ども家庭支援員	心理担当支援員	虐待対応専門員	合　　計
小規模型				
小規模A型	常時2名	―	―	常時2名
小規模B型	常時2名	―	常時1名	常時3名
小規模C型	常時2名	―	常時2名	常時4名
中規模型	常時3名	常時1名	常時2名	常時6名
大規模型	常時5名	常時2名	常時4名	常時 11 名

（※）この他、支援拠点には、必要に応じて、安全確認対応職員、事務処理対応職員等の職員を配置
　　することが望ましい。

2．虐待対応専門員の上乗せ配置の算定式

$$\bigcirc\left[\text{各市区町村の児童虐待相談対応件数} - \text{各市区町村管轄地域の児童人口} \times \frac{\text{全国の児童虐待相談対応件数}}{\text{全国の児童人口}}\right] \div 40$$

（※1）市区町村内に複数の支援拠点を設置する場合には、支援拠点単位で算定。

（※2）各年度における上乗せ人員は、児童人口は直近の国勢調査（平成 27 年）の数値を、児童
　　　虐待相談対応件数は前々年度の福祉行政報告例の数値を用いて算定。

（※3）「40」は、平均的な児童相談所の児童福祉司の虐待相談に係る持ちケース数（年間約 40
　　　ケース（雇用均等・児童家庭局総務課調））を踏まえたもの。

※なお、令和 3 年 4 月 15 日付け通知として、以下：
「6. 職員配置等（1）〜（2）（略）
（3）配置人員等
（略）標準とする。（別紙の 1 参照）」
の次に、
「小規模A型（人口 5 万人未満の市町村に限る。）の類型である市町村においては、子育て
世代包括支援センターと支援拠点を兼務する常勤職員がいる場合に限り、勤務形態を問わ
ず、常時 1 名体制で も可とする。」
が加えられた。

2

市町村子ども家庭支援指針（ガイドライン）一部抜粋

雇児発０３３１第４７号
平成２９年３月３１日

都道府県知事
各　指定都市市長　　殿
中核市市長

厚生労働省雇用均等・児童家庭局長
（公印省略）

「市町村子ども家庭支援指針」（ガイドライン）について

　従来、児童福祉法（昭和 22 年法律第 164 号）においては、あらゆる子ども家庭相談について児童相談所が対応することとされてきたが、すべての子どもの権利を擁護するために、子どもと家庭への支援を行うに当たっては、本来子どもとその家庭に最も身近な基礎自治体である市町村（特別区を含む。以下同じ。）がその責務を負うことが望ましいと考えられるようになった。一方、児童相談所は、児童虐待相談対応件数の急増等により、緊急かつより高度な専門的対応が求められ、市町村を中心として、多様な機関によるきめ細やかな対応が求められている。
　こうした状況を踏まえ、平成 16 年の児童福祉法改正により、平成 17 年 4 月から、子ども家庭相談に応じることが市町村の業務として明確に規定され、市町村は、子どもに関する各般の問題につき、家庭その他からの相談に応じ、子どもが有する問題又は子どもの真のニーズ、子どもの置かれた環境の状況等を的確に捉え、個々の子どもやその家庭に最も効果的な支援を行い、もって子どもの福祉を図るとともに、その権利を擁護すること（以下「子ども家庭支援」という。）となった。
　さらに、平成 28 年に成立した児童福祉法等の一部を改正する法律（平成 28 年法律第 63 号）において、すべての子どもが健全に育成されるよう、児童の権利に関する条約に基づき、子ども虐待について発生予防から自立支援までの一連の対策の更なる強化等を図るため、児童福祉法の理念を明確化するとともに、市町村及び児童相談所の体制の強化、代替を含めた家庭での養育の原則等の措置を講ずることが盛り込まれた。
　このうち、児童福祉法の理念規定は、昭和 22 年の制定当時から見直されておらず、子どもが権利の主体であること、子どもの最善の利益が優先されること等が明確でなかったため、子どもは、適切な養育を受け、健やかな成長・発達や自立が図られること等を保障される権利を有することを総則の冒頭（第 1 条）に位置付け、その上で、国民、保護者、国・地方公共団体がそれぞれこれを支える形で、児童福祉が保障される旨が明確化された。
　市町村における子ども家庭支援は、こうした理念に基づき、常に子どもの安心・安全の確保を念頭に置くことはもちろんのこと、子どもの最善の利益を優先して考慮し、行われ

　ることが必要である。その実施に当たっては、市町村が中心となって、子どもの権利を守るための責務を果たしていくことが重要であるため、都道府県（児童相談所など）、その他の関係機関と緊密な連携を図ることなくしては、十分な支援は期待しえないことに留意し、都道府県（児童相談所）との関係ではあくまでも対等な協働関係を基本としつつ、その上で、他の関係機関との連携及び役割分担について具体的項目を明示的に確認し合って支援を継続的に行っていくことが重要である。

　また、子ども家庭相談については、子どもに対する支援だけではなく、子どもの健やかな成長・発達・自立のためには、保護者ごと支える視点が不可欠であり、その観点から、保護者に対する助言、指導等を行い寄り添い続ける支援が必要となる。

　このため、各市町村において、すべての子どもとその家庭及び妊産婦等を対象として、その福祉に関し必要な支援に係る業務全般が適切に実施されるよう、今般、「市町村子ども家庭支援指針」（ガイドライン）を別添のとおり新たに策定したので、本指針（ガイドライン）を踏まえつつ、地域の実情に応じて適切に子ども家庭支援が実施されるよう、管内の市町村並びに関係機関及び関係団体等に周知を図られたい。

　また、「市町村児童家庭相談援助指針」（平成17年2月14日付け雇児発0214002号厚生労働省雇用均等・児童家庭局長通知）は廃止する。

　なお、本通知は、地方自治法（昭和22年法律第67号）第245条の4第1項の規定に基づく技術的な助言であることを申し添える。

　　　　　　　　　　　　　　　　　　　　　　　　　　　　子発0415第7号
　　　　　　　　　　　　　　　　　　　　　　　　　　　　令和3年4月15日

　　都道府県知事
各　指定都市市長　　殿
　　中核市市長

　　　　　　　　　　　　　　　　　　　　　　　　厚生労働省子ども家庭局長
　　　　　　　　　　　　　　　　　　　　　　　　　　　（公印省略）

　　　　　「市町村子ども家庭支援指針」（ガイドライン）の一部改正について

　児童福祉行政の推進については、平素よりご尽力いただき、厚く御礼申し上げる。

　今般、「市町村子ども家庭支援指針」（ガイドライン）の一部を別添のとおり改正し、令和3年4月1日より適用することとしたので、通知する。

　各都道府県知事におかれては、貴管内市町村長（指定都市市長及び中核市市長を除き、特別区区長を含む。）に対して周知をお願いする。

　なお、本通知は、地方自治法（昭和22年法律第67号）第245条の4第1項の規定に基づく技術的助言である。

「市町村子ども家庭支援指針」（ガイドライン）

- 4 -

3

自治体向け FAQ

「児童相談所」に関する FAQ

《中核市・特別区における児童相談所設置に関する事項》

問 1　平成 28 年 5 月に成立した改正児童福祉法の附則に規定された、国の中核市・特別区の児童相談所設置に係る支援の具体的な検討状況、今後の支援予定（5 年経過後を含む。）をご教示いただきたい。

答 1　厚生労働省における児童相談所設置に係る支援として、平成 29 年度予算において，中核市及び特別区が児童相談所の設置に向けた準備に伴い、増加する業務に対応するための補助職員や児童相談所の業務を学ぶための研修に職員を派遣する間の代替職員の配置に要する費用を計上した。さらに、平成 30 年度予算案においては、児童相談所の設置を目指す中核市及び特別区へ職員を派遣する都道府県等に対する、代替職員の配置に要する費用への補助の創設や、新たに児童相談所を設置する中核市・特別区が、個々の子どもの特性に配慮した処遇が可能となるような一時保護所を整備する場合の補助の加算を創設する。制度・運用面の支援策としては、児童相談所の設置を円滑に行え

るよう、設置準備から解説までの流れを網羅的に把握できるよう必要な整理事項をまとめた児童相談所設置のためのマニュアルの作成や、児童福祉司の任用資格要件を見直し、実務経験として市町村等の児童家庭相談業務の拡大などを講じている。

　また、現時点で 5 年経過後の具体的な方針は未定であるが、中核市等における児童相談所設置の進捗状況等を踏まえ検討が必要と考える。

　今後も、自治体からの意見等を参考にしながら、引き続き児童相談所設置促進のための支援策の拡大に向けた検討をしていきたい。

《児童相談所から市町村への送致に関する事項》

問2　児童相談所から市町村への事案の送致について、今後、事案送致が増えることが予想されるが、どのような体制強化を図っていけばよいのか計画を立てる必要があるため、できるだけ具体的に市町村に送致される内容等を示してほしい。

答2　児童相談所から市町村への事案送致を行う事例としては、児童相談所で受理したケースのうち、児童相談所による指導よりも、市町村による在宅支援サービス等を活用した支援が適切であるものを想定している。（児童相談所運営指針・市町村子ども家庭支援指針参照）

　各都道府県等におかれては、事案送致に係る円滑な調整が速やかに図られるよう、平素から市町村と児童相談所との間で、当該送致に係る基本的な考え方を共有するなど、適切な連携を図られたい。

　なお、当該送致に当たっては、あらかじめ児童相談所と市町村の役割分担を明確化し、効果的な指導・支援の実施やケースの対応漏れを防止する必要があることから、「児童虐待に係る児童相談所と市町村の共通リスクアセスメントツールについて」（平成 29 年 3 月 31 日付け雇児総発 0331 第 10 号厚生労働省雇用均等・児童家庭局総務課長通知）を活用されたい。

問3　児童虐待に係る児童相談所と市町村の共通リスクアセスメントツールについて（平成 29 年 3 月 31 日付け雇児総発 0331 第 10 号厚生労働省雇用均等・児童家庭局総務課長通知）の通知中の記載にニーズアセスメントの視点を盛り込んだ共通のツールを平成 29 年度以降に検討予定と記載されていたが、具体的には、どのような予定となっているのか。

答3　質問にあるニーズアセスメントの視点を盛り込んだ共通リスクアセスメントツールの検討は、平成 29 年度調査研究事業として実施中であり、報告書が作成される予定である。

問4　全国の児童相談所から市町村への「事案送致」及び「指導措置委託」についての、実施・委託状況を今後把握する予定があるか。また、今後「事案送致」「指導措置委託」を拡大するため、厚生労働省における各都道府県及び市町村への支援策があれば、

御教示願いたい。

答4　「事案送致」「指導措置委託」については、今後、実施状況を把握し事例を周知していきたいと考えている。

　児童相談所から市町村への事案送致については、実施の前提として、児童相談所と市町村が協議の上で、地域の実情に応じた役割分担を明確化するための共通リスクアセスメントツールの作成が必要であり、厚生労働省として、虐待リスク情報の把握と評価に係る共通アセスメントツールの例を示している。また、子どもや保護者のニーズ等を含めた評価を行うための視点を盛り込んだ共通シートの検討について、平成 29 年度調査研究事業として実施中であり、報告書が作成される予定である。

- -

「市区町村子ども家庭総合支援拠点」に関する FAQ

問1　「市区町村子ども家庭総合支援拠点（以下「支援拠点」という。）」とは何か。

答1　平成 28 年改正児童福祉法において、市町村が、児童等に関する支援（実情の把握、情報提供、調査、指導、関係機関との連絡調整）を一体的に担うための機能を有する拠点の整備に努めることとされた、当該支援拠点を指す。（児童福祉法第 10 条の2）

　なお、支援拠点の設置運営については、「市区町村子ども家庭総合支援拠点の設置運営等について」（平成 29 年 3 月 31 日付け雇児発 0331 第 49 号厚生労働省雇用均等・児童家庭局長通知）（以下「設置運営要綱」という。）を参照されたい。

問2　支援拠点の設置については、児童福祉法第 10 条の 2 において努力義務となっているが、子育て世代包括支援センターのような国としての設置目標は設けられているのか。

答2　支援拠点の設置目標については、現時点において定めていないが、平成 28 年改正児童福祉法の趣旨に鑑み、市区町村の子ども家庭支援の体制強化を図るため、補助金等を活用しながら積極的に設置していただきたい。

《運営に関する事項》

問3　支援拠点の運営費に対しての補助はあるのか。

答3　平成 30 年度予算案において、人件費や事業費といった、運営に必要な経費を計上している。

問4　支援拠点の設置手続について、国・都道府県への届け出が必要か。また、条例等を制定する必要があるのか。

答4　支援拠点は、児童福祉法に基づく市町村の業務を行うに当たり、必要な支援を

行うための拠点として位置付けられており、都道府県に届け出る必要はない。

　また、支援拠点は、いわゆる施設ではなく機能なので、市直営で行う場合でも、必ずしも支援拠点自体を条例で定める必要はない。

　ただし、業務の一部を委託する場合には、委託先との関係において、個人情報の取扱などを適正に実施する必要があるため、設置運営要綱において、「支援拠点に係る条例や規則等で定め、委託先の社会福祉法人等が適切に業務を行うことができるよう援助する必要がある。」と規定している。

問5　現行組織で業務内容を概ね実施している場合は、これを支援拠点として補助金の対象としてよいか。

答5　設置運営要綱に定める支援拠点の業務内容を実施しており、人員配置基準を満たしている場合、支援拠点として、国庫補助の対象とすることは可能である。

問6　委託可とされているが、具体的にイメージしている委託先は。

答6　市区町村が適切かつ確実に業務を行うことができると認めた社会福祉法人や特定非営利活動法人等が考えられるが、情報管理や守秘義務の徹底等を図る体制が整備されていることを前提として、委託先を選定されたい。

問7　1市町村において、複数の支援拠点を設置することは可能か。また、その場合は設置か所数分の補助を受けることができるのか。

答7　必要に応じて、複数の支援拠点を設置することが可能である。

　なお、複数年度かけて、当該市町村の区域全体をカバーできるように、計画的に複数設置することも考えられる。

　こうした場合の国庫補助については、当該支援拠点の管轄する地域（地区）の児童人口区分に応じた職員数等の条件を満たせば補助を受けることが可能である。

　なお、複数の市町村による支援拠点の整備や、一部事務組合による支援拠点の整備も可能としているが、支援拠点は、市町村における支援を一体的に担うものであるため、その趣旨を踏まえた整備計画に基づき整備する必要がある。

問8　小規模や児童人口が少ない市区町村においては、複数の地方自治体が共同で設置することも可能とあるが、複数の地方公共団体が共同設置する場合、どのように補助金を申請するのか。

答8　複数の地方自治体で1つの支援拠点を共同設置する場合は、自治体間で協議の上、1つの自治体から申請することも、それぞれの自治体から申請することも可能である。なお、複数自治体が申請した場合であっても、一つの支援拠点に係る国庫補助の合計額は、一つの支援拠点に係る補助基準額を超えられない。

問9　業務内容に、「福祉に関し必要な支援に係る業務全般を行う」とあるが、貧困

対策も含むのか。

答9　業務内容に含まれるものと考えている。

問10　支援拠点の類型について、児童人口規模と人口規模についての併記があるが、どちらが優先されるのか。

答10　類型については、児童人口規模で判断していただきたい。

問11　児童人口規模が小規模 A 型に該当するが、小規模 B 型の人員配置を満たした場合、小規模 B 型の補助基準額が適用されるのか。

答11　児童人口規模によって類型が決まるため、児童人口規模が小規模 A 型であれば、小規模 A 型の補助基準額が適用される。

　ただし、虐待対応専門員を配置する場合には、人数分の補助基準額を加算（上限5人まで）して算定することができる。

問12　支援拠点が子育て世代包括支援センターを兼ねることも可能とされているが、要保護児童対策調整機関も兼ねることは可能か。

答12　支援拠点は、多くの関係機関の役割や責務を明確にし、関係機関相互の円滑な連携・協力を図り、具体的な支援に結び付けていく役割も担っているため、法第25条の2第5項に基づく「要保護児童対策調整機関」を兼ねることも可能である。

問13　子育て世代包括支援センターと支援拠点との役割の違いは。

答13　子育て世代包括支援センターは、主として妊産婦及び乳幼児並びにその保護者を対象とし、妊娠期から子育て期にわたり、母子保健施策と子育て支援施策を切れ目なく提供するため、実情を把握し、妊娠・出産・育児に関する各種の相談に応じ、必要に応じて支援プランの策定を行う。

　支援拠点は、管内に所在する全ての子どもとその家庭及び妊産婦等を対象とし、その福祉に関し、必要な支援に係る業務を行い、特に要支援児童及び要保護児童等への支援業務の強化を図るものである。

　このため、子育て世代包括支援センターにおいて把握した要支援児童及び要保護児童等に対して、切れ目ない支援を提供し、かつ子育て支援施策と母子保健施策との連携、調整を図り、より効果的な支援につなげるために、同一の主担当機関が、支援拠点と子育て世代包括支援センターの2つの機能を担い、一体的に支援を実施することが求められる。

問14　設置運営要綱に、「同一の主担当機関が、支援拠点と子育て世代包括支援センターの2つの機能を担い、一体的に支援を実施することが求められる」とあるが、子育て世代包括支援センターを母子保健担当課が担っている場合、支援拠点も母子保健担当課が担うべきということか。

答14 支援拠点と子育て世代包括支援センターの両機能を考慮した際に、同一の主担当機関が担うことがより効果的であるとの観点で、一体的な支援の実施を求めており、いずれの課（母子保健担当課又は子育て支援（児童福祉）担当課）を中心として担うのかも含め、どのような体制であれば適切に機能を果たすことができるのかを市区町村において検討された上で、担当課を定められたい。場所や組織変更等の面で困難な場合には、母子保健担当課と子育て支援（児童福祉）担当課がそれぞれ機能を担うことも差し支えない。

ただし、その際には適切に情報を共有するとともに、子どもの発達段階や家庭の状況等に応じて連携して対応し、継続した支援が行えるような体制を整備（それぞれ別の主担当機関が機能を担うことによる漏れを防止するため、担うべき機能を所掌事務等で明確化するなど）することが必要である。

問15 子育て世代包括支援センターを委託している法人等に支援拠点を委託先に委託することは可能か。

答15 同じ委託先への委託は可能であるが、情報管理や守秘義務の徹底のほか、委託業務の管理・把握の視点からも緊密な連携を構築できる委託先を選定していただくよう留意していただきたい。

問16 支援拠点と、家庭児童相談室はどのような位置付けになるのか。

また、家庭児童相談員は、他の職務（例：支援拠点における心理担当支援員・虐待対応専門員・安全確認対応職員・事務処理職員等）を兼務することが可能か。

答16 支援拠点は、通所・在宅支援を中心としたより専門的な相談対応を行う役割も担っており、福祉事務所の家庭児童福祉に関する専門的技術を必要とする相談指導業務を行う既存の家庭児童相談室の機能を包含することにもなるため、家庭児童相談室の機能を核として支援拠点の機能を拡充していくことも想定される。（設置運営要綱5（2）④参照）

なお、家庭児童相談室を包含する形で支援拠点を設置する場合において、家庭児童相談員が支援拠点の職員を兼ねることは可能である。

問17 「家庭児童相談室」及び「子育て世代包括支援センター」を機能統合や拡充をして「子ども家庭総合支援拠点」として運営する場合、従来どおり「家庭児童相談室」、「子育て世代包括支援センター」の看板を掲げることはできないのか。

答17 支援拠点は建物を指すものではなく、機能を指すことから、既存の「家庭児童相談室」や「子育て世代包括支援センター」を機能統合や拡充をして支援拠点を運営する場合、従来どおりの看板を掲げても差し支えない。

問18 子ども家庭支援員及び虐待対応専門員の資格について、「教育職員免許法に規定する普通免許状を有する者」とあるが、一種免許、二種免許の区分は問わないか。

　また、「社会福祉主事たる資格を得た後の次に掲げる期間の合計が 2 年以上である者であって、厚生労働大臣が定める講習会の課程を修了したもの」とあるが、この厚生労働大臣が定める講習会とは、具体的にどの講習会を指すのか。

答18　教育職員免許法に規定する普通免許状については、一種免許、二種免許の種類は問わない。

　なお、教育職員免許法に基づく普通免許状を有していればよく、免許の有効期間内であることは、要件ではない。

　また、「厚生労働大臣が定める講習会の課程を修了したもの」については「児童福祉司任用前研修」のことを指す。

問19　心理担当支援員の資格に「大学や大学院において、心理学を専修する学科又はこれに相当する課程を修めて卒業した者等」とあるが、「等」はどのような者を想定しているのか。

　また、精神保健福祉士を含んでよいか。

答19　支援拠点に配置される心理担当支援員は、相談や面接を通じての心理的側面からの子どもや保護者へのケアに重点が置かれることが考えられるので、必ずしも心理学科を卒業した者でなければならないというわけではなく、関連分野（教育、福祉等）の学科を卒業した後、心理に関する実務経験や研究実績等がある者を想定して、「等」を付けている。

　例えば、社会福祉士等のソーシャルワーカーでありながら、心理に関する実務経験を積んでいて、心理的なケアも担うことができる者などを想定している。よって、精神保健福祉士資格取得後に、心理に関する実務経験や研究実績等があれば、「等」に該当するとして構わないが、精神保健福祉士資格の取得のみをもって、資格要件に該当することにはならない。

問20　安全確認対応職員とはどのような業務を行うことを想定しているのか。

　また、配置した場合に補助を受けることができるのか。

答20　「児童虐待防止対策支援事業の実施について」（平成 17 年 5 月 2 日雇児発第 0502001 号厚生労働省雇用均等・児童家庭局長通知）の別紙第 3 の 10 の（2）の①安全確認対応職員を参照されたい。

　また、配置した場合の補助を平成 30 年度予算案に計上している。（児童の安全確認等のための体制強化事業）

問21　最低配置人員等に「常時」とあるが、どういう意味か。

答21　「常時」とは、支援拠点の開設時間帯において、常にその人数以上、業務に従事している状態を指しており、例えば、非常勤形態の職員を配置する場合には、複数でローテーションを組んで、最低配置人員以上の状態を確保しなければならない。

問22 支援拠点の開設時間についての制限はあるか。

また、例えば週6日で支援拠点を開設した場合、常に「常時」配置の職員数を満たさなければならないか。

答22 開設時間について制限はない。

また、支援拠点の開設時間中については最低配置人員以上の状態を確保しなければならないため、週6日開設する場合であれば、その開設時間中は最低配置人員以上の人員配置が必要となる。

問23 最低配置人員しか配置していない場合、他の機関（生活保護、各種手当支給等）の業務を兼ねることは可能か。

答23 最低配置人員の考え方は、支援拠点の業務を担うために必要な人員を「常時」配置することを目的として設定したものであり、生活保護等の他の業務を兼ねることはできない。

なお、最低配置人員を超えて配置している場合には、当該職員が、他の機関の業務を兼ねることは差し支えない。

問24 最低配置人員に加えて統括する職員（例えば課長）を置く必要があるか。

答24 統括する職員の配置は必要ではないが、地域の実情に応じて統括する職員を配置して差し支えない。

問25 支援拠点における配置人員について、他機関より支援拠点へ受け入れている人事交流（受入）職員においても、人数としてカウントしても良いか。

答25 実施主体は当該市区町村であるため、人事交流職員を配置人員に含めることはできない。

問26 支援拠点における設備・器具の整備について相談室、親子交流スペース等の整備とあるが、必置なのか。必置の場合、面積要件はあるのか。また、事務室から離れた別の場所に設けることで差し支えないか。

答26 相談室、親子交流スペース等については設けることを標準とし、面積要件は定めていない。また、離れた場所に相談室等を設けることについては差し支えないが、可能な限り事務室と近い場所に設置していただくことが望ましい。

《整備に関する事項》

問27 支援拠点の整備に対しての補助金はあるのか。

答27 次世代育成支援対策施設整備交付金において、整備に必要な経費を計上している。

問28 当該支援拠点について、「次世代育成支援対策施設整備交付金」の交付を受

ける場合は、次世代育成支援対策推進法に基づく市町村行動計画に位置づける事が必要か。必要な場合、行動計画には、具体的な整備スケジュールの記載が必要か。

答 28　次世代育成支援対策施設整備交付金は、次世代育成支援対策を推進するために、市町村が策定する行動計画に基づき実施される施設整備事業を対象としているため、当該支援拠点に関することが、市町村行動計画に記載されていることが必要である。

なお、行動計画の内容については、具体的な整備スケジュール等の記載は必要なく、市町村における相談体制の強化を図る等、支援拠点を整備するための目的等が記載されていれば差し支えない。

問 29　次世代育成支援対策施設整備交付金の対象となる整備は、新たな建物の建設のみか。既存の建物を改築・修繕等した場合についても交付対象となるのか。

答 29　新たに建物を建設する場合のほか、既存の建物を改築・修繕し、支援拠点とする場合も交付対象となる。

なお、支援拠点については、平成 29 年 4 月から施行される新たな制度のため、既存の建物を改築・修繕する場合であっても整備区分は「創設」になる。

問 30　修繕については、「次世代育成支援対策施設整備交付金における大規模修繕等の取扱いについて（平成 20 年 6 月 12 日雇用均等・児童家庭局長通知）」に基づき、交付基礎点数 2,500 点未満の整備は交付対象とならないのか。

答 30　支援拠点として整備するものは、全て整備区分が「創設」になることから、既存の建物を修繕し、支援拠点とする場合も「次世代育成支援対策施設整備交付金における大規模修繕等の取扱いについて（平成 20 年 6 月 12 日雇用均等・児童家庭局長通知）」を適用するものではなく、「創設」整備となる。

よって、交付基礎点数 2,500 点未満の整備についても、交付対象となる。

問 31　既存の建物の間取りを変更する修繕や、パーティションの購入についても交付対象となるか。

答 31　間取りを変更する修繕については交付対象となる。また、いわゆるローパーティションのような簡易設置型の購入費については交付対象とならないが、可動間仕切りのような設置工事が必要となるものについては交付対象となる。

問 32　支援拠点を整備するに当たり、設備基準はあるか。

答 32　設備基準については、設置運営要綱の 7．施設・設備において、以下の通り規定している。

相談室（相談の秘密が守られること）、親子の交流スペース、事務室、その他必要な設備を設けることを標準とする。

なお、支援拠点としての機能を効果的に発揮するためには、一定の独立したスペースを確保することが望ましい。

　ただし、新たに施設を設置（整備）するのではなく、既存のサービス提供機関の機能を活用して実施することも可能である。

問33　支援拠点の運営に必要な机や椅子、パソコン等の設備や備品の購入に係る費用は次世代育成支援対策施設整備交付金の交付対象となるか。

答33　次世代育成支援対策施設整備交付金については、施設の整備に必要な工事費又は工事請負費及び工事事務費を対象経費としており、設備や備品の購入に係る費用については交付対象としていない。

　ただし、間取りの変更に併せて間仕切りとしての機能を有する収納設備を設置するなど、支援拠点の整備と一体的に整備されるものであって、設置工事が必要となる設備については交付対象となる。

問34　次世代育成支援対策施設整備交付金により整備した支援拠点が設備基準を満たさなかった場合、交付金の返還等が必要か。また、法令違反等に当たるのか。

答34　「市区町村子ども家庭総合支援拠点の設置運営等について」（平成29年3月31日雇児発0331第49号雇用均等・児童家庭局長通知）については、地方自治法に基づく技術的助言であり、法律等で定めるものではないため、法令違反には当たらない。

問35　当該支援拠点の運営を社会福祉法人等へ委託して実施する場合については、次世代育成支援対策施設整備交付金の交付対象となるか。

答35　当該支援拠点は、市町村において整備するものであり、社会福祉法人等に運営を委託する場合においても、支援拠点の整備については、交付要綱10の（1）「都道府県、指定都市、中核市及び市町村が事業を実施する場合」に基づき交付対象となる。

問36　例えば、児童家庭支援センターなどの他の施設を修繕し、支援拠点と位置づける場合の整備区分はどのようになるか。

答36　また、1つの児童家庭支援センターにおいて防犯対策強化整備を行い、さらに一部を拡張して支援拠点の創設を行う場合、どのように申請すべきか。
支援拠点を創設することを目的とした施設整備であれば、基となる建物の種別を問わず、支援拠点の創設となる。

　また、1つの児童家庭支援センターにおいて防犯対策強化整備を行い、さらに一部を拡張して支援拠点を創設する場合については、児童家庭支援センターの防犯対策強化整備と、支援拠点の創設とで、それぞれ申請が必要となる。

　なお、児童家庭支援センターなどの既存施設を転用する場合には、「厚生労働省所管一般会計補助金等に係る財産処分について」（平成20年4月17日雇児発第0417001号厚生労働省雇用均等・児童家庭局長通知）に基づく承認が必要となる場合があるので、ご留意いただきたい。

問 37　平成 28 年度及び平成 29 年度の 2 か年で整備を実施することは可能か。

答 37　2 か年による整備は可能であるが、年度毎に協議及び交付申請が必要となる。
　ただし、その場合であっても、次年度の交付金の交付を約束するものではない。

問 38　交付金を繰越することは可能なのか。

答 38　次世代育成支援対策施設整備交付金は、繰越明許費として計上されているので、平成 28 年度中に工事に着手し、当該年度内の完了がやむを得ず困難となった場合において、繰越することは可能である。
　ただし、繰越については事前に協議が必要となる。

《補助金に関する事項》

問 39　「同一の主担当機関が支援拠点と子育て世代包括支援センターの 2 つの機能を担い、一体的に支援を実施することが求められる」とあるが、支援拠点と子育て世代包括支援センターが同一機関で担った場合、国庫補助の申請はどのように申請すればよいか。

答 39　支援拠点と子育て世代包括支援センターを同一機関で担った場合、補助金の二重交付にならないよう、どちらか一方の申請、もしくは支援拠点及び子育て世代包括支援センターごとに対象経費を申請いただきたい。

問 40　支援拠点における子ども家庭支援員を家庭相談員が兼務した場合、家庭相談員に関する費用は地方交付税措置されているが、補助金を受けることはできるのか。

答 40　家庭相談員においては、非常勤職員 1 名分の人件費が交付税措置されている。交付税措置されている家庭相談員が支援拠点の子ども家庭支援員を兼務した場合、地方交付税と補助金の二重交付となるため、補助の対象とはならない。

問 41　設置運営要綱で最低配置人員が示されているが、ただし書きに「小規模 B 型以上の類型かつ児童千人当たりの児童虐待相談対応件数が全国平均を上回る市区町村（支援拠点）は、児童相談所の児童福祉司の配置基準の算定を準用した算式（別紙の 2 参照）で算定された人数を、虐待対応専門員の類型ごとの最低配置人員に上乗せして配置することを標準とする。」と書かれているが、これを満たさなくても補助金を受けることができるのか。

答 41　ただし書きの要件までを含めて最低配置人員であることから、ただし書きの要件を満たしていない場合、（ア）基礎単価、（イ）最低配置人員を満たすための虐待対応専門員の上乗せ加算ともに、補助を受けることはできない。

問 42　支援拠点の補助単価について、（ア）基礎単価に常勤職員分の人件費の補助は含まれるのか。
　また、安全確認対応職員、事務処理対応職員を配置した際の人件費等については、

（ア）基礎単価の対象経費となるのか。

答42　支援拠点の基礎単価について、直営の場合、常勤職員分の人件費は含まれない。

　また、安全確認対応職員、事務処理対応職員を配置した際の人件費については、支援拠点の基礎単価の対象経費ではないことから、「児童の安全確認等のための体制強化事業」を活用されたい。

問43　机や椅子などの購入費用に対する補助はあるのか。

答43　補助はない。

問44　電子ファイルで管理するためのシステム導入については、拠点整備の2年目以降、順次導入していくことなどが規定されるが設備・器具に対する補助金は、初年度のみの対象となるのか。

　また、システム導入に際して、システム機器のリース費用や保守点検費についても補助の対象となるのか。

答44　市区町村子ども家庭総合支援拠点運営事業においては補助対象にならないが、支援拠点が要保護児童対策調整機関を兼ねる場合、「子どもを守る地域ネットワーク機能強化事業」を活用されたい。

　なお、システム導入についてはシステム機器のリース費用については補助の対象となるが、保守点検費は対象としていない。

「市町村の要保護児童対策調整機関における調整担当者の配置等」に関するFAQ

問1　要保護児童対策調整機関に調整担当者の配置が義務付けされたが、調整担当者の要件はどのようなものか。

答1　現在、調整担当者の要件については、児童福祉法施行規則第25条の28に規定されている。

　なお、児童福祉法等の一部を改正する法律の施行に伴う厚生労働省関係省令の整備に関する省令により、当分の間、児童福祉司任用前講習会の課程を修了した者も調整担当者とすることができる旨を規定している。

（参考：児童福祉法施行規則（抄））
第25条の28 市町村の設置した要保護児童対策地域協議会（市町村が地方公共団体（市町村を除く。）と共同して設置したものを含む。）に係る要保護児童対策調整機関は、法第25条の2第6項の規定に基づき、職員の能力の向上のための研修の機会の確保に努めるとともに、専門的な知識及び技術に基づき同条第5項の業務に係る

事務を適切に行うことができる者として第 3 項に規定する者（以下この条において「調整担当者」という。）を置くものとする。

② 　地方公共団体（市町村を除く。）の設置した要保護児童対策地域協議会（当該地方公共団体が市町村と共同して設置したものを除く。）に係る要保護児童対策調整機関は、法第 25 条の 2 第 7 項の規定に基づき、職員の能力の向上のための研修の機会の確保に努めるとともに、調整担当者を置くように努めなければならない。

③ 　法第 25 条の 2 第 6 項に規定する厚生労働省令で定めるものは、児童福祉司たる資格を有する者又はこれに準ずる者として次の各号のいずれかに該当する者とする。

　　一　保健師

　　二　助産師

　　三　看護師

　　四　保育士（特区法第 12 条の 4 第 5 項に規定する事業実施区域内にある要保護児童対策調整機関にあっては、保育士又は当該事業実施区域に係る国家戦略特別区域限定保育士）

　　五　教育職員免許法に規定する普通免許状を有する者

　　六　児童福祉施設の設備及び運営に関する基準第 21 第 6 項に規定する児童指導員

（参考：児童福祉法等の一部を改正する法律の施行に伴う厚生労働省関係省令の整備に関する省令（抄））

第 4 条法第 25 条の 2 第 6 項に規定する調整担当者については、第 1 条による改正後の児童福祉法施行規則第 25 条の 28 第 1 項及び第 2 項の規定にかかわらず、当分の間、法第 13 条第 3 項第 5 号に規定する厚生労働大臣が定める講習会の課程を修了した者を調整担当者とすることができる。

問2　調整担当者について、教員、保育士等の資格保有者は非常勤職員での配置も可能か。

　さらに、家庭児童相談室には、家庭相談員が雇用されているが、その者を調整担当者としてカウントしてもよいか。

答2　調整担当者については、原則として常勤・専任での配置と考えているが、人員の確保が困難な場合や専任とした場合の業務量が少ない場合等、地域の実情に応じて非常勤職員、兼務等であっても差し支えない。

　なお、家庭児童相談室等の他の機関と兼務する場合において、調整機関に常駐していない者については、調整担当者としてカウントできない。

問3　調整担当者に非常勤職員を配置した場合に、補助を受けることができるのか。

答3　調整担当者を配置するための費用に関する補助はないが、調整担当者に非常勤職員を配置し、「子どもを守る地域ネットワーク機能強化事業の実施について」（平成

27 年 5 月 21 日雇児初 0521 第 12 号雇用均等・児童家庭局長通知）3 のいずれかの事業を実施する場合には、非常勤職員の人件費を対象経費として算定することができる。

....

「平成 28 年児童福祉法等改正法による義務研修通知」に関する FAQ

《任用前講習会について》

問 1　「児童福祉司任用前講習会」の対象者は、「法第 13 条第 3 項第 5 号又は児童福祉司施行規則第 6 条 11 号若しくは同条第 12 号に規定する者のうち、児童福祉司に任用予定の者。」とされ、児童福祉司発令が可能となる当該年度中の講習会の受講義務が課せられているが、受講対象者見込みとなる「社会福祉主事として 2 年以上児童福祉事業に従事した者」となる前の職員（従事 2 年目の者）が、講習会の全ての科目を受講した場合も、翌年度に児童福祉司として任用することは可能か。

答 1　任用前講習会の趣旨は、児童福祉司に任用される者の専門性を高めるためであることから、最新の児童虐待の状況等を理解するため、任用直前の受講が基本と考える。

　しかしながら、人材確保等の事情に鑑み、社会福祉主事として従事中の者を任用予定者として受講することを妨げるものではない。

問 2　任用前講習会を 4 月以降に開催した場合、社会福祉主事から任用する者は、4 月 1 日時点では児童福祉司に任用できないということか。

答 2　任用前講習会を受講しなければ、児童福祉司としては任用することはできないが、相談員等の職員として配置し、その後講習会を受講すれば、児童福祉司として任用することも可能である。

問 3　過去に社会福祉主事から児童福祉司として任用され、児童相談所で業務を行っていた経験がある者が、他の部署（本庁の児童福祉主管課他）での業務を経験した後、平成 29 年 4 月以降、児童相談所に異動となった場合、任用前講習会の受講は必須か。

答 3　社会福祉主事から児童福祉司に任用された経験がある者については、平成 29 年 4 月以降、再度、児童福祉司に任用する場合には、任用前講習会の受講が必須である。

　なお、それ以外の資格要件（社会福祉士資格取得者、大学において心理学、教育学、社会学を専修し卒業した後、指定施設で 1 年以上相談援助業務に従事した者等）で児童福祉司に任用された経験がある者は、任用前講習会の受講義務はないが、子どもの取り巻く最新の状況等を再認識するため、任用前講習会を受講することが望ましい。

《児童福祉司任用後研修について》

問 4　児童福祉司、SV の任用後研修は、任用後いつまでに受講する必要があるのか。

答 4　法令上受講期限はないが、スキルアップのためなるべく早期に受講することが

必要であり、既に任用されている者については、任用された年度内に受講するよう努めていただきたい。

《要保護児童対策調整機関の調整担当者研修について》

　問5　調整担当者が、調整担当者研修を受講する間、要保護児童対策調整機関の中で調整担当者が不在となるが、その間に国からの何らかの支援はあるのか。

　答5　調整担当者が、調整担当者研修を受講する間に、調整機関の業務を行う、代替職員を配置するための費用に係る補助を平成30年度予算案に計上しており、積極的に活用いただきたい。（市町村相談体制整備事業）

《その他全般》

　問6　各研修の対象者以外の者が研修を受講することは可能か。

　また、対象者以外が受講した際に修了証を発行することは可能か。

　答6　各研修の対象者以外の者が、研修を受講することは差し支えない。

　特に、児童福祉司任用前講習会については、児童福祉司としての業務の遂行に当たり必要な知識に関する内容が多く含まれているため、新たに児童相談所に配置される者、調整担当者研修については、市町村の子ども家庭支援に携わる者（支援拠点の職員等）についても、積極的に受講することが望ましい。

　なお、対象者以外の者が受講した際も修了証を発行することは差し支えない。

　問7　「研修等の一部の科目を欠席等により受講できなかった場合には、当該科目について年度内または次年度において再度受講することで、研修等を修了したこととする。」とされているが、やむを得ない事情で2年以内に全科目受講できなかった場合の猶予はないのか。

　答7　児童相談所における虐待相談対応件数、複雑・困難なケースが増加していることから、児童相談所の専門性を強化する一環として研修を義務化した趣旨から、速やかに研修を受講していただくよう努めていただきたい。

　問8　研修等の実施主体は、都道府県、指定都市及び児童相談所設置市であるが、実施主体への財政支援はあるのか。

　答8　研修等の実施主体が、研修等を実施するための費用に係る補助を平成30年度予算案に計上しており、積極的に活用いただきたい。（児童虐待防止対策研修事業）

　問9　調整担当者が調整担当者研修を受講する費用について、財政支援はあるのか。

　答9　調整担当者が、調整担当者研修を受講する際に係る費用について、補助金を充てることができる。（児童虐待防止対策研修事業）

　問10　「研修等の一部の科目を欠席等により受講できなかった場合には、当該科目

について年度内または次年度において再度受講することで、研修等を修了したこととする。」とされているが、録画した講義を視聴した上でレポートを提出するなどをもって、再度受講したとみなすことはできるか。

答10　研修等の一部の科目を受講できなかった場合には、年度内または次年度において再度受講いただくことが望ましいが、録画した講義を視聴・レポートを作成した上で講師が当該レポートの内容を評価するなどして、講義を受けた場合と同等の効果が見込まれる場合には、研修を受講したものとみなして差し支えない。

問11　「都道府県が児童福祉司任用前講習会を開催する際には、受講対象者に要保護児童対策調整機関の調整担当者として配置するに当たって、児童福祉司任用前講習会の受講が必要となる者を加えるなど、幅広く受講者を募集すること。」、「各研修等を実施する際、（1）から（4）に掲げた者以外の者が受講することは差し支えない。」とあるが、どのように実施すれば良いのか。

答11　都道府県が児童福祉司任用前講習会等を開催する際には、市区町村子ども家庭総合支援拠点の職員や市町村の子ども家庭支援を担当する職員も対象とし、管内市町村の研修受講状況や研修希望などを把握の上、市町村職員が確実に研修を受講できるよう計画的に研修を実施されたい。

このほか、一時保護所職員の専門性向上のため、一時保護所の職員等も受講させることも考えられる。

・・・

「平成29年児童福祉法等改正法」に関するFAQ

《接近禁止命令を行うことができる場合の拡大に関する事項》

問1　児童福祉法及び児童虐待の防止等に関する法律の一部を改正する法律（平成29年法律第63号）により、児童虐待の防止等に関する法律（平成12年法律第82号）第12条の4に規定する接近禁止命令を行うことができる場合を、一時保護や同意入所にも拡大することに伴い、条文上は「都道府県知事又は児童相談所長は…児童の身辺につきままとい…付近をはいかいしてはならないことを命ずることができる」とされたが、児童虐待を受けた児童について施設入所等の措置が採られている場合には都道府県知事が、また、児童福祉法（昭和22年法律第164号）第33条第1項の規定による一時保護が行われている場合には児童相談所長が、同条第2項の規定による一時保護が行われている場合には都道府県知事が接近禁止命令を行うということでよいか。

答1　貴見のとおり、接近禁止命令の前提となる措置の主体が接近禁止命令を行うこととなる。

．．．

平成 30 年 3 月 20 日付　厚生労働省　子ども家庭局
家庭福祉課児童相談係　虐待防止対策推進室

「児童虐待防止対策の強化に向けた緊急総合対策」に関する FAQ

《乳幼児健診未受診者、未就園児、不就学児等の緊急把握の実施に関する事項》

問 1　乳幼児健診未受診者、未就園児、不就学児等の把握は今後も継続して調査するのか。

答 1　乳幼児健康診査未受診者、未就園児、不就学児等やその家庭は、特に支援を必要としている場合もあることから、行政が継続的に状況を把握していく必要があるため、本年 11 月末までの市町村における調査において安全確認ができていない児童を含め、引き続き安全確認のための取組を行うとともに、その状況を国においても継続して調査を実施する予定である。

　　また、乳幼児健康診査未受診者、未就園児、不就学児等の安全確認に係る調査は、来年度以降も同様に実施予定であり、平成 31 年度概算要求において、福祉サービス等を利用していない未就園児や不就学児がいる家庭への訪問を行い、安全確認等を行う事業の創設を盛り込む予定である。

問 2　把握対象児童について、「安全確認ができない児童」とは、どの程度の期間接触等ができない児童が該当するのか。

答 2　これまで実施していた「居住実態が把握できない児童に関する調査」において、各自治体が子どもの所在等の確認が必要と判断した期間と同程度の基準を想定している。保護者の言動やこれまでの支援状況等から個別に整理する必要がある。

問 3　未就園であることをもって虐待の疑いがあるはいえないが、把握対象とする必要があるのか。

答 3　行政や関係機関とつながりのない未就園児のいる家庭を行政が積極的に把握して子どもの安全を確認し、支援が必要な場合には必要な支援につなげることが目的であり、未就園であることそのものについて指導等を行うものではない。

　　未就園児の安全確認を行う際には、本調査の目的を理解し、保護者等への対応に留意されたい。

問 4　本調査において、関係機関等から情報提供を求める法的根拠は何か。

答 4　調査に当たり関係機関等に情報提供を求める法的根拠については、

・児童福祉法（昭和 22 年法律第 164 号）第 10 条第 1 項第 1 号及び第 3 号（市町村の業務）

・児童虐待の防止等に関する法律（平成 12 年法律第 82 号）第 13 条の 4（資料又は

情報の提供）

・住民基本台帳法（昭和 42 年法律第 81 号）第 34 条第 3 項（調査）等を活用されたい。

　個人情報保護法には第三者提供を禁止する規定が設けられているが、除外規定として「法令に基づく場合」とされており、各自治体の個人情報保護条例についても同様の規定があることが一般的であり、必要かつ社会通念上相当と認められる範囲で行われる限り正当な行為に当たることから、守秘義務や個人情報保護に係る規定違反とはならない。

・・

平成 30 年 8 月 30 日付
厚生労働省　子ども家庭局　虐待防止対策推進室
「市区町村子ども家庭総合支援拠点」に関する FAQ

《平成 30 年 8 月 2 日付の実施要綱改正に関する事項》

問 1　「市区町村子ども家庭総合支援拠点運営事業」において、「市区町村子ども家庭総合支援拠点」設置運営要綱の配置人員等について、「常時○人」とあるのは、開設時間帯のうち週休日・夜間を除く週 40 時間を標準とする時間帯において配置する必要がある職員数と解することができる」との解釈が加えられた趣旨如何。

答 1　「市区町村子ども家庭総合支援拠点運営事業」の補助対象は、「市区町村子ども家庭総合支援拠点」設置運営要綱に基づき運営されるものとしており、当該要綱で規定されている人員配置等の要件を満たすことが必要となっているが、開設時間に関する具体的な定めは設けていないため、平成 30 年 8 月 2 日付の実施要綱改正前においては、市区町村における開庁時間を超えるような長時間の開設を行っている場合であっても、全ての時間帯で人員配置基準を満たしていない場合、必要な数の職員を配置しているにも関わらず、補助対象とならないものとなっていたところである。

　一方、現在、補助額の上限については、開設時間によって変動する仕組みではないことから、今般、実施要綱を改正し、国庫補助を行う際の標準となる開設時間を示した上、当該時間の範囲内で人員配置基準を満たしている場合、補助対象とすることとしたものである。なお、週休日や夜間の時間帯を含む長時間開設する際の支援については、平成 31 年度概算要求を行う予定である。

問 2　「開設時間帯のうち週休日・夜間を除く週 40 時間を標準とする時間帯」とは具体的に何を指すのか。また、当該時間帯を市区町村における支援拠点の要綱等で明示する必要があるのか。

答 2　国庫補助を行う際の考え方として、「開設時間帯のうち週休日・夜間を除く週 40 時間を標準とする時間帯」において、設置運営要綱で定める人員配置基準を満たしている場合、補助の対象となることを示しているものであり、具体的な開設時間帯は各

支援拠点で設定されるものである。また、「週 40 時間を標準とする時間帯」は国庫補助における考え方であるため、市区町村の要綱等で明示する必要はない。

問3　常勤職員の勤務時間が週 40 時間に満たない場合、国庫補助の対象にはならないのか。また、開設時間帯が週 40 時間に満たない支援拠点は補助対象となるのか。

答3　子ども家庭総合支援拠点の開設に当たっては、週 40 時間を標準とするが、例えば、市区町村職員で勤務時間が 1 日 7 時間 45 分（週 38 時間 45 分）と定められていることにより、開設時間を週 38 時間 45 分としている場合など、常勤職員の勤務時間に合わせた開設時間を設定している場合については、国庫補助の対象として差し支えない。

問4　週 40 時間を超える週休日・夜間帯の職員配置基準はどうなるのか。

答4　「市区町村子ども家庭総合支援拠点」設置運営要綱に規定されている人員配置基準を満たすことが望ましい。

4

運用面の改善等

　支援拠点に関して、運用面の改善について、以下の資料が公開されている。

　「令和2年度全国児童福祉主管課長会議資料」
　3月5日付公開資料
　https://www.mhlw.go.jp/stf/newpage_16979.html

　その中に、資料8・9として掲載されている230頁・231頁を、参考資料として以下掲載する。

子ども家庭総合支援拠点の設置促進等について　（運用面の改善）

1. アドバイザー派遣に関する取組の拡充

・市町村子ども家庭総合支援拠点に関するアドバイザーの派遣事業については、令和2年度予算において、予算化を行い、西日本こども研修センターあかしの事業として実施。

・現在、アドバイザー派遣は、自治体からの依頼に基づき実施しているが、令和3年度からは、依頼の有無に関わらず、ブロック別の自治体向け説明会を実施する予定。

2. 設置促進に向けたその他の取組

【人口5万人未満の市町村における人員配置基準】

・子育て世代包括支援センターと子ども家庭総合支援拠点の一体的運用を推進している中、限られた専門人材を有効活用することが必要。

・小規模自治体で子ども家庭総合支援拠点の設置を進めるためには、限られた人材を有効活用することから、子育て世代包括支援センターと子ども家庭総合支援拠点を兼務する常勤職員がいる場合に限り、常勤職員を含む常時2名体制ではなく、勤務形態問わず、常時1名配置となることを認める。

（※）現行：常時2名以上（常勤職員1名＋職員1名以上）→ 改正後：常時1名以上

【上乗せ配置を原則とする基準の改正】

・国庫補助を行う際、児童虐待相談対応件数が全国平均を上回る市町村の場合、基礎となる配置人員に加え、相談対応件数40件当たり1名を上乗せして配置することが必要。この基準を満たさない場合、支援拠点に対する補助金が一切受けられない。

・基礎となる配置人員は確保できる見通しがあるが、上乗せ配置人員の必要数は、毎年、変動する可能性があるものであり、その変動に応じて職員の採用等を行うことができず、財政支援が受けられない状況になっているとの指摘がある。このため、上乗せ配置の有無に関わらず、基礎となる配置人員が基準を満たした場合、補助金の交付対象とすることとする。

3. その他

・上記のほか、子ども家庭総合支援拠点において、相談対応に加え、一時預かり事業やショートステイ等の事業の利用も組み合わせて支援できるよう、利用調整を行う事業について、対象ケア事業の例示に、産後ケア事業を加える。

支援対象児童等見守り強化事業

令和２年度第３次補正予算：３６億円（児童虐待・ＤＶ対策等総合支援事業）

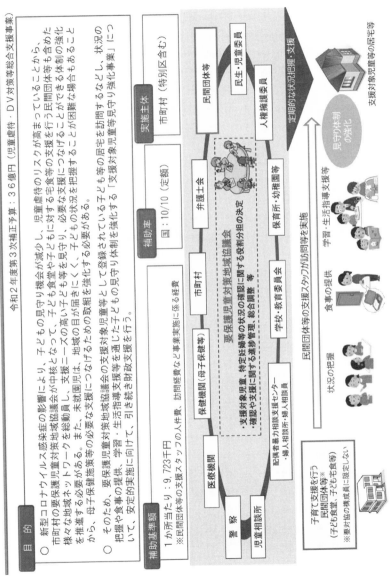

目的

○ 新型コロナウイルス感染症の影響により、子どもの見守り機会が減少し、児童虐待のリスクが高まっていることから、市町村の要保護児童対策地域協議会が中核となって、子ども食堂や子どもを見守り、必要な支援につなげることができる体制の強化を図り、子ども食堂等に対する支援を行う民間団体等も含めた様々な地域ネットワークを総動員し、支援ニーズの高いこどもを見守り、必要な支援につなげることができる体制の強化を推進する必要がある。また、未就園児は、地域の目が届きにくく、子どもの状況を把握することが困難な場合もあることから、母子保健施策等の必要な支援につなげるための取組を強化する必要がある。

○ そのため、要保護児童対策地域協議会の支援対象児童等として登録されている子ども等の居宅を訪問するなど、状況の把握や食事の提供、学習・生活指導支援等を通じた子どもの見守り体制を強化する「支援対象児童等見守り強化事業」について、安定的な実施に向けて、引き続き財政支援を行う。

補助基準額

１か所当たり：9,723千円
※民間団体等の支援スタッフの人件費、訪問経費など事業実施に係る経費

実施主体　市町村（特別区含む）

補助率　国：10/10（定額）

児童相談所　警察　医療機関　保健機関（母子保健）　配偶者暴力相談支援センター・婦人相談所・婦人相談員　市町村　学校・教育委員会　保育所・幼稚園等　人権擁護委員　民生・児童委員　民間団体等　弁護士会

要保護児童対策地域協議会
・支援対象児童、特定妊婦等の状況の確認や役割分担の決定
・確認や支援に関する進捗管理　総合調整

子育て支援を行う民間団体等（子ども食堂、子ども食堂等）※要保護児協の構成員に限定しない

民間団体等の支援スタッフが訪問等を実施

状況の把握　食事の提供　学習・生活指導支援等

定期的な状況把握・支援

見守り体制の強化

支援対象児童等の居宅等

203

おわりに

　筆者は、これまで児童虐待対応を市区町村側でずっと担ってきた。その立ち位置からすると、児童虐待事件が起きるたびに児童相談所の対応ばかりが注目され、児童相談所の非難ばかりあるいは元児童相談所職員（学者）のコメントばかりが新聞報道をしめていることに非常に疑問を感じていた。

　子どもを支える関係機関として児童相談所はその一翼を担っているにすぎない。そして児童虐待死事件などに至る場合にはその前に多くの市区町村の関係機関が予防的にかかわってきた又は関わる機会があったのであり、市区町村での保健、保育、学校、生活保護、各種手当支給担当、地域のNPOなど多くの関係機関が地域には存在する。これら関係機関のネットワークを有効に機能させることでこれまでも多くの命を救ってきたことは事実であるし、これからも変わらない。こうした地域での子どもと保護者への関わりにもっと力を入れねばならない。子どもの権利主体性を保障するための支援拠点設置の全国展開は、児童相談所の下部機関を作ることではない。地域の子どもは地域で守っていこうということである。どんな小さな自治体でも大きな自治体でもそれは変わらない。どこに住んでいても子どもの命は等しく守られなければならない。

　さて、本書は、この理念実現のための具体を詳解したものである。

　理念を示し、組織の在り方を示し、具体的なソーシャルワークのあり方を示したものである。

　本書の基となったスタートアップマニュアルは厚労省の子ども・子育て支援推進調査研究事業の成果として全国に配付させていただいた。今回内容面の大幅なバージョンアップを図ったが、大きな枠組みは変えていない。基本的に、支援拠点設置運営要綱が求めている基準を客観的にまとめることを第一義的に重視した。その上で、実際の自治体での運用例を参考に具体例を示し、さらにスタート後のグレードアップを想定して研究者や自治

体担当者からのコメント等を集めた。各自治体ごとに、人的体制や地域資源は様々であろう。どこが足らないのか、どこを補充すれば子どもの命を守れるのか、本書及び筆者の全国のヒアリング報告書を参考に検証をしてみていただきたい。

　2022年度までに子どもを守るための体制が、全国で整えられるよう、整えた自治体は更なる充実のために本書が役立つことを願う。

　また、本書を読んだ後に、未だ、支援拠点整備に関して、疑問やアドバイスが必要であれば、遠慮なく連絡をしてきていただきたい。

　なお、本書では、支援拠点の制度趣旨に則り詳細な解説を行った。しかし、ここで述べた支援拠点制度は未だスタートラインに立ったに過ぎない。未完ともいえる。子どもの権利主体性を謳う平成28年度改正の趣旨を徹底するという意味では、現状の法10条の2の規定を更に具体化した規定を加える必要があろう。子どもが今いる地域での在宅支援の充実と在宅措置権限（財源含む）の追加・付加である。子どもと家庭を守り、支えるための最前線の地域で、市区町村中心主義の実現に向けて、更なる歩みが求められる。

　本書執筆には、同じ支援拠点設置アドバイザーとして、同じ目標を目指して、井上登生氏、山川玲子氏、鈴木智氏、そして高橋智鶴氏、鈴木淳氏、伊東沙季氏、木村朱氏、森下道大氏に伴走していただいた。感謝の言葉しかない。また、お一人お一人の名前を出すことはしませんが、全国の自治体担当者の方と多大な時間をかけて意見交換をさせていただいた。この場を借りてお礼を申し上げたい。

　日々、皆さんと同じ立場で、汗と涙を流しながら、ソーシャルワークを担ってきた者として、現場の市区町村の児童虐待担当部署の皆さんにエールを送らせていただきます。

　最後に、本書は筆者の基となる研究報告書はあったものの、子どもの命を守るための制度設計という原点にもう一度立ち戻り、伝えるべき根っこ

の部分、読んでほしい読者層、読みやすさの工夫等様々な議論をしながら、作り上げました。こうした議論と発行までの長い道のりをともに伴走してくださった明石書店の深澤孝之氏と閏月社の德宮峻氏にこの場をお借りして深く感謝申し上げます。

【参考リンク先】

1.「市区町村子ども家庭総合支援拠点」設置運営要綱
https://www.mhlw.go.jp/file/06-Seisakujouhou-11900000-Koyoukintoujidoukateikyoku/0000161700.pdf
2. FAQ
https://www.mhlw.go.jp/file/06-Seisakujouhou-11900000-Koyoukintoujidoukateikyoku/0000174845.pdf
3. ガイドライン
https://www.mhlw.go.jp/file/06-Seisakujouhou-11900000-Koyoukintoujidoukateikyoku/0000161704.pdf
［参考］
鈴木秀洋研究室 http://suzukihidehiro.com/

資料

1. 市区町村子ども家庭総合支援拠点の設置状況
2. マニュアル検討会一覧その他関係ヒアリング・研修・講演相談会等一覧

1. 市区町村子ども家庭総合支援拠点の設置状況

市区町村子ども家庭総合支援拠点の設置状況（2019年4月現在）

設置自治体数	283
設置箇所数	332

※ 1つの自治体で複数箇所設置している場合、括弧内に箇所数を記載している。

市区町村子ども家庭総合支援拠点の設置状況（2020年4月現在）

設置自治体数	432
総数（か所数）	495

※ 1つの自治体で複数箇所設置している場合は、設置している箇所の数を（ ）内に記載している。

資料

2．マニュアル検討会一覧その他関係ヒアリング・研修・講演相談会等一覧

2017 年（平成 29）	
8 月 24 日	山口県こども家庭課　多田基哉、岩国市こども支援課室長　吉本和彦、静岡県こども家庭課班長　鈴木淳、こども家庭課主任　伊東沙季、藤枝市子ども家庭課長　岡村英志、塩尻市家庭支援課次長　百瀬公章、妙高市子ども教育課　高橋勉、海老名市子育て相談課長　金指芳子、南房総市子ども教育課主査　鈴木智、千代田区児童・家庭支援センター　松村秀一

2018 年（平成 30）	
1 月 19 日	子どもの虐待防止センター　片倉昭子、高田真規子、山川玲子
2 月 6 日	南房総市子ども教育課主査　鈴木智、伊予市子ども総合センター長　土居和博、子育て支援課長補佐　川本英人、大分県こども・家庭支援課こども育成支援班　中村康一、杵築市子ども子育て支援課主査　岡田陽一、文京区子ども家庭支援センター係長　石樵さゆり、涌谷町子育て支援室主任　木村朱、アドバイザー　松戸市立総合医療センター　小橋孝介
2 月 12 日	岩国市こども支援課室長　吉本和彦、妙高市こども教育課子育て支援係　高橋勉、静岡県こども家庭課班長　鈴木淳、主任　伊東沙季、鳥取県青少年・家庭課長補佐　西村耕一、鳥取市こども家庭相談センター次長（所長）　山中八寿子、沖縄県青少年・子ども家庭課又吉朋隆、南風原町民生部こども課長　前城充、香南市福祉事務副所長　坂本充子、越前市子ども福祉課室長　笹田和子、松戸市子ども家庭相談課長補佐　秋田敦子、涌谷町子育て支援室長　木村智香子、三沢市家庭福祉課参事兼課長　園芳彦、アドバイザー　中津市医療法人井上小児科医院　院長　井上登生
8 月 30 日	厚生労働省全国児童福祉主管課長・児童相談所長会議
9 月 7 日	岡山県児童虐待防止等ネットワークの研修会
10 月 4 日	愛媛県児童虐待防止に関する自治体の取組調査・意見交換
10 月 17 日	沖縄県市町村研修会
11 月 6 日	鳥取県市町村児童福祉担当課長等会議及び研修会
11 月 29 日	高知県市町村向け子ども家庭総合支援拠点説明会
11 月 30 日	日本子ども虐待防止学会　第 24 回学術集会おかやま大会

2019 年（令和元年）	
1 月 29 日	厚生労働省市町村セミナー
1 月 30 日	宮城県子ども虐待対策連絡協議会研修会
2 月 5 日	静岡県東部市区町村子ども家庭総合支援拠点研修会

2月6日	文京区要対協実務担当者会議（子ども家庭総合支援拠点に関する研修）
2月7日	静岡県西部市区町村子ども家庭総合支援拠点研修会
2月11日	「地方自治と子ども施策」全国自治体シンポジウム　2018宗像
2月13日	静岡県中部市区町村子ども家庭総合支援拠点研修会
2月15日	福島県子ども家庭総合支援拠点に関する研修会
3月4日	広島県市町職員講習会
3月9日	大分県中津市母子保健事業・養育支援訪問事業研究会
5月7日	千葉県研修会「虐待防止と子ども家庭総合支援拠点について」
5月28日	岡山県研修会「子ども家庭総合支援拠点スタートアップ研修会」
7月9日	新宿区子ども総合センター講演「困難な保護者（威圧、恫喝、暴力等）への対応について」
7月17日	国立市研修会「地域で防ぐ児童虐待〜要保護児童対策地域協議会の機能について」
7月23日	長野県講演「市町村子ども・家庭総合支援拠点設置に向けての講演会」
7月31日	三重県研修会「子ども家庭総合支援拠点の開設に向けて〜スタートアップ研修会〜」
8月5日	山梨県研修会「児童福祉司等及び要保護児童対策調整機関の調整担当者研修」
8月6〜7日	広島県研修会「子ども家庭総合支援拠点の設置促進に向けた研修会」
8月9日	奈良県研修会「市町村子ども家庭総合支援拠点設置推進研修」
8月28日	大阪府能勢町ヒアリング調査
9月4日	熊本県玉東町ヒアリング調査
9月5日	福岡県北九州市ヒアリング調査
10月7日	新潟県上越市ヒアリング調査
10月21日	滋賀県研修会「子ども家庭総合支援拠点の立ち上げについて」「子育て世代包括支援センター等関係機関との連携について」
10月21日	河内長野市研修会「市区町村子ども家庭総合支援拠点の立ち上げと整備に関するアドバイス」
10月28日	福島市技術的指導、トップセミナー、講演会「子どもの命を守るしくみ〜子ども家庭総合支援拠点」
11月1日	和歌山県市町村児童福祉担当職員研修「市町村が行う児童家庭支援とは何か〜子ども家庭総合支援拠点の役割と設置に向けた取組について〜」
11月8日	おきなわCAPセンター研修会「要保護児童対策調整機関専門職研修」

資料

2019 年（令和元年）続き	
11 月 11 日	南相馬市研修会「子ども家庭総合支援拠点の設置促進に向けた助言・指導」
11 月 11 日	田村市研修会「子ども家庭総合支援拠点の設置に向けたアドバイス」
11 月 16 ～ 17 日	子どもの虐待防止推進全国フォーラム in とっとり第 4 分科会コーディネーター「地域支援（拠点と他機関連携）～子どもを守るしくみづくり～」
11 月 25 日	福島市技術的指導「子ども家庭総合支援拠点体制整備に向けた技術的指導」
11 月 26 日	全国子ども家庭総合支援拠点会議（参加自治体：遠野市、筑西市、宇都宮市、立川市、昭島市、葉山町、長野県、箕輪町、桜井市、倉敷市、埼玉県）
12 月 21 ～ 22 日	日本子ども虐待防止学会ひょうご大会（講演）

2020 年（令和 2）	
1 月 15 日	東京都子ども家庭支援センター職員研修「子供家庭支援センターにおける組織運営、マネジメント」
1 月 21 日	静岡県研修会「子ども家庭総合支援拠点設置促進のための研修会」
1 月 22 日	山梨県児童福祉士スキルアップ研修
1 月 29 日	宮城県研修会「子ども虐待対策連絡協議会研修会」
1 月 31 日	奈良県研修会「子ども家庭総合支援拠点設置に向けた研修会・アドバンス編」
2 月 6 日	兵庫県「児童虐待への対応力向上に向けた県・市町合同研修会」
2 月 7 日	世田谷区虐待予防基礎講座「児童虐待予防としての危機管理」
2 月 10 日	松戸市研修会「児童虐待防止対策の現状と課題～子ども家庭総合支援拠点の役割～」
2 月 14 日	野田市研修会「DV・児童虐待防止研修～連携の在り方を考える～」
2 月 19 日	茨城県「児童虐待防止に関する児童福祉・母子保健・教育の合同研修会」
2 月 20 日	野田市研修会「DV・児童虐待防止研修～連携の在り方を考える～」
2 月 25 日	マニュアル改訂検討会議（参加自治体：静岡県、涌谷町、南房総市、大田区、中津市、能勢町、広島県、福島県、藤枝市、奈良県）
2 月 26 日	大阪府市町村児童福祉主管課長及び母子保健主管課長会議
3 月 5 日	田村市研修会「子ども家庭総合支援拠点の設置に向けたアドバイス」（中止）
3 月 5 日	福島県市町村子ども家庭相談支援講習会「市区町村子ども家庭総合支援拠点について」（中止）
3 月 16 日	富津市研修会「要対協の構成機関の役割について」（中止）

2. マニュアル検討会一覧その他関係ヒアリング・研修・講演相談会等一覧

5月7日	三重県リモート相談会開始（毎週火曜日）
6月13日	日本子ども虐待防止学会ワーキング
6月16日	木曽岬町相談会・大台町相談会
6月17日	広島県意見交換会
7月7日	津市相談会
7月14日	明和町相談会
7月17日	世田谷区児童相談所研修
7月20日	旭川市審議会
7月21日	伊勢市相談会
7月27日	広島県福山市他市町村研修
7月28日	川越市相談会・志摩市相談会
7月29日	長野県（市町村）研修
7月29日	埼玉県戸田市研修会議
7月29日	世田谷区審議会
7月30日	三重県亀山市研修
8月1日	日本子ども虐待防止学会ウェビナー
8月4日	大台町相談会
8月6日	長野県（市町村）研修
8月7日	野田市児童福祉審議会
8月11日	菰野町相談会・木曽岬町相談会
8月17日	旭川市審議会
8月18日	尾鷲市相談会・度会町相談会・川崎市子ども権利委員会
8月21日	伊丹市研修・会議
8月21日	広島県意見交換会
8月24日	埼玉県鴻巣市研修・会議
8月25日	多気町相談会
8月26日	中野区会議
8月28日	山梨県研修
8月29日	ナイスな親会（中野）
8月31日	広島県市町村研修①
9月1日	広島県市町村研修②
9月2日	広島県市町村研修③
9月8日	三重県全体研修
9月9日	全国犯罪被害者支援ネットワーク（打ち合わせ）
9月11日	川崎市子ども権利委員会

資料

2020年（令和2）続き	
9月16日	愛知県支援拠点研修
10月5日	千葉県要対協担当者研修
10月7日	朝日町相談会・南伊勢市相談会
10月13日	厚労省（乳幼児未受診者対象研究会）
10月14日	伊賀市相談会
10月16日	全国犯罪被害者支援フォーラム2020
10月16日	旭川市審議会
10月19日	奈良県市町村研修
10月19日	川崎市子ども権利委員会
10月21日	東員町相談会
10月27日	熊本県市町村研修
10月28日	玉城町相談会
11月9日	栃木県市町村研修
11月11日	木曽岬町相談会
11月16日	目黒区講演会
11月18日	熊野市相談会
11月25日	伊勢市相談会
11月29日	日本子ども虐待防止学会（いしかわ金沢）
12月9日	いなべ市相談会
12月12日	里親勉強会
12月14日	岐阜県市町村研修
12月16日	東京都　子育てひろば担当者研修
12月16日	三重県意見交換会
12月20日	世田谷区審議会
12月21日	富津市支援拠点研修
12月23日	三重県意見交換会

2021年（令和3）	
1月13日	三重県意見交換会
1月15日	厚労省（乳幼児健康診査未受診者等に対する取組事例に関する調査研究会）
1月26日	三重県アドバイザリー事業
2月3日	北海道　子ども家庭総合支援拠点研修
2月16日	三重県アドバイザリー事業

2月26日	長野県（飯田児相管轄内市町村）
3月1日	広島県意見交換会
3月2日	三重県アドバイザリー事業
3月3日	東京都（子ども家庭支援センター所長研修）
3月5日	厚労省（乳幼児健康診査未受診者等に対する取組事例に関する調査研究会）
3月12日	川崎市子ども権利委員会
3月16日	三重県アドバイザリー事業
3月23日	三重県アドバイザリー事業
3月30日	三重県アドバイザリー事業

※上記以外に平成29、平成30、令和1年度において、アンケート・ヒアリング等で意見交換した自治体一覧については、本書2章4（2）報告書記載自治体紹介（82頁）に掲載している。

著者紹介

鈴木秀洋（すずき・ひでひろ）

　　日本大学危機管理学部准教授。元文京区子ども家庭支援センター所長、男女協働担当課長、危機管理課長、総務課課長補佐、総務課文書係、東京23区法務部等。

　【資格】法務博士（専門職）、保育士。

　【所属学会】日本公法学会、警察政策学会、日本子ども虐待防止学会、ジェンダー法学会等。

　【主な審議会委員等】厚労省市区町村の支援業務のあり方に関する検討WG、厚労省子ども家庭総合支援拠点設置促進アドバイザー、要保護児童対策調整担当者研修講師等を行い、既に25以上の都道府県主催の支援拠点設置のための講演・相談会を行っている。また内閣府の防災・復興、ストーカー被害者支援等の委員を務めるほか、自治体の人権施策（ヘイトスピーチ防止含む）、子ども・子育て会議、児童福祉審議会、児童虐待防止に関する有識者懇談会等、幅広く命を守るための施策制度作りに関わり続けている。児童虐待死事件検証WG委員としては、野田市、札幌市の両事件の検証を行った。子どもの権利主体性を定めた平成28年の児童福祉法改正後のWG委員後、子ども家庭総合支援拠点の設置促進のために全国を行脚し続ける。主な著書として、『虐待・DV・性差別・災害等から市民を守る社会的弱者にしない自治体法務』（第一法規）、『（改訂版）自治体職員のための行政救済ハンドブック』（第一法規）、『行政法の羅針盤』（成文堂）、『子を、親を、児童虐待から救う』（公職研）等がある。

　　なお、鈴木秀洋研究室HP（https://suzukihidehiro.com/）では、本書と連動させる形で、著者の講義動画もアップしている。

必携
市区町村子ども家庭総合支援拠点
スタートアップマニュアル

2021 年 5 月 15 日　初版第 1 刷発行

著　者	鈴　木　秀　洋
発行者	大　江　道　雅
発行所	株式会社 明石書店

〒101-0021 東京都千代田区外神田 6‐9‐5
電　話　03（5818）1171
ＦＡＸ　03（5818）1174
振　替　00100‐7‐24505
http://www.akashi.co.jp

装幀	明石書店デザイン室
編集／組版	有限会社 閏月社
印刷／製本	モリモト印刷株式会社

（定価はカバーに表示してあります）　　　　　　　ISBN978-4-7503-5121-6

子どもへの体罰を根絶するために
臨床家・実務者のためのガイダンス
エリザベス・T・ガーショフ、シャウナ・J・リー編
溝口史剛訳
◎2700円

児童虐待対応と「子どもの意見表明権」
一時保護所での子どもの人権を保障する取り組み
小野善郎、薬師寺真編著
◎2500円

社会的養護児童のアドボカシー
意見表明権の保障を目指して
栄留里美著
◎4500円

社会的養護のもとで育つ若者の「ライフチャンス」
選択肢とつながりの保障、「生の不安定さ」からの解放を求めて
永野咲著
◎3700円

児童相談所改革と協働の道のり
子どもの権利を中心とした福岡市モデル
藤林武史編著
◎2400円

新版 学校現場で役立つ子ども虐待対応の手引き
子どもと親への対応から専門機関との連携まで
玉井邦夫著
◎2400円

スクールソーシャルワーク ハンドブック
実践・政策・研究
キャロル・リッペイ・マサット、マイケル・S・ケリー、ロバート・コンスタブル編著
山野則子監修
◎20000円

ダイレクト・ソーシャルワーク ハンドブック
対人支援の理論と技術
ディーン・H・ヘプワース、ロナルド・H・ルーニーほか著
武田信子監修　山野則子、渋谷昌史、平野直己ほか監訳
◎25000円

子ども・家族支援に役立つアセスメントの技とコツ
よりよい臨床のための4つの視点、8つの流儀
川畑隆編著
◎2200円

子ども・家族支援に役立つ面接の技とコツ
〈仕掛ける・さぐる・引き出す・支える・紡ぐ〉
宮井研治編
児童福祉臨床
◎2200円

ソーシャルペダゴジーから考える施設養育の新たな挑戦
マーク・スミス、レオン・フルチャー、ピーター・ドラン著
楢原真也監訳
◎2500円

虐待された子どもへの治療[第2版]
医療・心理・福祉・法的対応から支援まで
ロバート・M・リース、ロシェル・F・ハンソン、ジョン・サージェント編
亀岡智美、郭麗月、田中究監訳
◎20000円

虐待対応における保護者との協働関係の構築
家族と支援者へのインタビューから学ぶ実践モデル
鈴木浩之著
◎4600円

虐待対応におけるサインズ・オブ・セーフティ・アプローチ実践ガイド
子どもの安全〈セーフティ〉を家族とつくる道すじ
菱川愛、渡邉直、鈴木浩之編著
◎2800円

子ども虐待在宅ケースの家族支援
「家族維持」を目的とした援助の実態分析
畠山由佳子著
◎4600円

子どもの虐待防止・法的実務マニュアル[第6版]
日本弁護士連合会子どもの権利委員会編
◎3000円

〈価格は本体価格です〉

シリーズ 子どもの貧困

【全5巻】

松本伊智朗【シリーズ編集代表】

◎A5判／並製／◎各巻 2,500円

① **生まれ、育つ基盤**
子どもの貧困と家族・社会
松本伊智朗・湯澤直美 [編著]

② **遊び・育ち・経験** 子どもの世界を守る
小西祐馬・川田学 [編著]

③ **教える・学ぶ** 教育に何ができるか
佐々木宏・鳥山まどか [編著]

④ **大人になる・社会をつくる**
若者の貧困と学校・労働・家族
杉田真衣・谷口由希子 [編著]

⑤ **支える・つながる**
地域・自治体・国の役割と社会保障
山野良一・湯澤直美 [編著]

〈価格は本体価格です〉

児童福祉司研修テキスト

児童相談所職員向け

金子恵美 編著代表 ■B5判／並製／192頁 ◎2500円
佐竹要平、安部計彦、藤岡孝志、増沢高、宮島清 編

都道府県及び政令市等の児童相談所で活躍する「児童福祉司」を養成するための標準テキスト。子どもの発達、虐待対応の基本、関係機関との連携まで、児童虐待対応の第一線の実務家と研究者が総力をあげて執筆。受講者だけでなく、研修講師も必携の一冊。

要保護児童対策調整機関専門職研修テキスト

基礎自治体職員向け

金子恵美 編著代表 ■B5判／並製／192頁 ◎2500円
佐竹要平、安部計彦、藤岡孝志、増沢高、宮島清 編

基礎自治体（市町村）で活躍する「要保護児童対策調整機関調整担当者」向けの研修テキスト。子どもの発達、虐待対応の基本、個別ケース検討会議の運営まで、児童虐待対応の第一線の実務家と研究者が総力をあげて執筆。受講者だけでなく、研修講師も必携の一冊。

〈価格は本体価格です〉

市区町村 子ども家庭相談の挑戦
子ども虐待対応と地域ネットワークの構築

川松亮 編著

■A5判／並製／264頁 ◎2500円

市区町村が子ども家庭相談の窓口として位置づけられてから15年。様々な工夫と努力の下、各自治体で独自の相談体制が築かれてきたが、その取り組みには格差が大きい。本書では自治体への訪問調査をもとに特色ある取り組みを紹介し、体制整備のヒントを示す。

ワークで学ぶ 子ども家庭支援の 包括的アセスメント
要保護・要支援・社会的養護児童の適切な支援のために

増沢高 著

■B5判／並製／196頁 ◎2400円

大好評『社会的養護児童のアセスメント』のアップグレード版。法改正に伴い、市町村が担うことになった在宅支援に対応した。本書ではケースの全体像をつかみ、そのケースに適した支援方法を見い出していく「包括的アセスメント」を高めることを目的とする。

〈価格は本体価格です〉

〈価格は本体価格です〉